보증신용장의 법적, 실무적 문제

보증신용장의 법적, 실무적 문제

이 상 훈 著

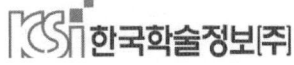한국학술정보㈜

머리말

　보증신용장(standby credit)은 국내에서는 아직까지는 보편화되어 있지 않은 결제수단으로서 기업이 외국으로 진출하여 현지국가에서 자금을 차입하기 위하여 은행 등의 금융기관에 제출하는 경우를 제외하고는 거의 사용되지 않고 있다. 그러나 보증신용장은 제2차 세계대전 이후 미국에서 은행보증서의 발급이 불법행위로서 사실상 금지되자 보증서를 대체하는 수단으로 도입되기 시작하여 현재 다양한 국제거래에서 사용이 점차 증가되고 있다. 즉, 보증신용장은 단순한 은행보증서의 기능을 넘어 건설계약에 따른 이행보증신용장, 화환신용장 발행을 보증하기 위한 역보증신용장, 대출계약에 따른 금융보증신용장 등의 형태로 다양하게 응용되면서 보증이 필요한 다양한 국제계약에서 계약의무의 이행 또는 채무를 보증하는 기능을 수행하고 있다. 특히 보증신용장이 보편적으로 사용되고 있는 미국의 경우에는 임대차계약 등의 국내거래에서도 보증신용장이 사용되면서 발행건수 및 발행금액의 규모 등에서 이미 화환신용장을 크게 압도하고 있다.

　또한 보증신용장은 매수인이 대금지급을 불이행하는 경우 발행은행이 매도인에게 대금을 지급하는 방식의 상업보증신용장의 형태로 무역거래에서 일반적으로 사용되고 있는 기존의 화환신용장을 대체하는 방식으로 무역거래에서의 활용도 점차 증가되고 있다. 따라서 미국에서의 보증신용장의 지속적인 증가추세 및 보증신용장의 기능적 확대 등의 사실을 감안하여 볼 때 향후 국제적으로 보증신용장의 성장가능성은 매우 높다 할 것이다.

　이와 같이 보증신용장의 무한한 잠재력을 고려할 때 보증신용장에 관한 연구의 필요성이 제기되고 있으나 국내에서는 보증신용장에 관한 다양한 연구가 수행되지 못하고 있는 실정이다. 최근 국내에서 보증신용장에 관한 연구가 다소 활성화되어 보증신용장에 있어서의 독립성의 원칙의 적용이나 수익자의 사기에 관한 연구 및 보증신용장통일규칙에 관한 연구가 수행되고 있으나 국내에서 주로 연구되고 있는 화환신용장에 비하여 상대적으로 주목을 받지 못하면서 보증신용장을 중심으로 다룬 전문서적은 전무할 정도로 연구가 부족한 현실이다.

이에 필자가 박사학위를 취득한 이후 보증신용장이라는 분야에 관하여 관심을 가지고 지금까지 수행한 보증신용장에 관한 연구를 수정·보완하고 정리하여 한 권의 책으로 출간하게 되었다. 필자의 능력이 부족하여 본서는 보증신용장에 관한 이론을 집대성한 이론서의 형태가 아니라 보증신용장의 주요 이슈를 단편적으로 다루는 연구논문집의 형태로 구성되어 있다. 즉, 본서는 보증신용장에 관한 다양한 문제를 다루지 못하고 일부의 문제만을 다루는 부족한 내용을 담고 있으나 향후 국내에서 보증신용장에 관한 다양한 연구와 그 결과물이 저서의 형태로 계속하여 발표되는 작은 계기가 되었으면 하는 희망으로 본서의 출간을 결심하게 되었다.

본서는 보증신용장에 관한 다양한 이슈들 중에서 다음과 같은 내용을 다루고 있다. 먼저 국내의 무역업자들이 관심을 가질 문제인 무역거래에서 보증신용장의 활용방안을 검토하였고, 보증신용장에 관한 국제법규의 양대 축을 이루는 국제상업회의소의 보증신용장통일규칙과 보증신용장에 관한 유엔협약의 주요 내용과 적용상의 문제점을 검토하였다. 다음으로 보증신용장거래에 있어서 가장 큰 장애요인으로 인식되고 있는 수익자의 부당한 지급청구와 그에 대한 대응방안으로서의 발행은행의 지급거절권과 지급금지명령의 행사에 관하여 검토하여 보증신용장의 유용성을 제고하고 보증신용장거래의 활성화에 일조하고자 하였다.

필자가 학문에 뜻을 두고 무역결제, 특히 신용장에 관하여 연구를 시작한 지도 10년이라는 시간이 지났다. 많은 분들의 도움이 없었다면 필자의 연구는 계속될 수 없었으며 본서 또한 존재하지 않았을 것이다. 지면을 빌어서 그 동안 도움을 주신 많은 고마운 분들에게 감사의 인사를 드리고자 한다. 지도교수이신 부산대학교의 강원진 교수님은 학문을 대하는 진지한 태도와 깊은 열정으로 제자의 연구인생에 모범적인 길을 제시하여 주셨다. 나의 소중한 가족들은 힘든 학문의 길을 가는데 언제나 큰 힘이 되고 있다. 특히 칠순을 지나신 연세에도 아직까지 못난 자식 걱정으로 마음 고생하시는 부모님, 언제나 나를 격려해주고 믿어주는 아내 그리고 마지막으로 나의 인생에 아버지로서의 새로운 삶을 시작하게 해준 사랑스러운 아들 현석이에게 고마움을 전한다.

목 차

제1장 무역거래에서 보증신용장의 활용방안

I. 서 언

화환신용장(documentary credits)[1]은 전통적으로 우리나라의 국제무역결제에 있어서 주요한 결제수단으로 사용되어 왔다. 1980년대 후반에는 우리나라의 전체 수출거래에서 약 70% 정도의 금액이 신용장방식에 의하여 결제될 정도로 비중 있는 무역결제방식으로서의 지위를 유지하여 왔다. 이와 같은 신용장의 사용은 수출업자와 수입업자의 이해관계를 합리적으로 고려한 무역결제수단으로서의 신용장의 상업적 유용성에 기인하고 있다. 특히 신용장의 주요한 기능인 지급확약의 기능으로 인하여 불확실한 수입업자의 대금지급에 따른 신용위험(credit risk)을 제거할 수 있으므로 대금회수의 확실성을 원하는 수출업자의 입장에서 여타의 무역결제방식보다 신용장을 선호하여 온 것이 사실이다.

그러나 최근 우리나라의 무역거래에서 사용되고 있는 결제방식에 있어서 급격한 변화의 양상이 보이고 있다. 1997년 외환위기에 따른 소위 국제통화기금(International Monetary Fund: IMF) 관리체제 이후 대표적인 무역결제방식이었던 신용장방식에 의한 무역거래의 비중이 계속적

---

1) 한국의 경우 보증신용장이 활성화되어 있지 않은 관계로 신용장이라는 명칭은 통상적으로 화환신용장과 동일한 의미로 사용되고 있다. 본고에서는 신용장과 화환신용장을 동일한 용어로 혼용하고 보증신용장은 이와 구분되는 개념으로 사용하기로 한다. 참고적으로 신용장 분야에 있어서 권위자인 미국의 돌란(John F. Dolan) 교수는 신용장을 상업신용장(commercial credits)과 보증신용장(standby credits)으로 대별하고 있으며, 화환신용장은 상업신용장의 주요한 유형으로 보고 있다. John F. Dolan, *The Law of Letters of Credit, Commercial and Standby Credits*, Warren, Gorham & Lamont, 1996.

으로 감소하고 있는 반면에 신용장을 사용하지 않는 무신용장방식의 무역거래가 증가하고 있다. 특히, 무신용장방식 중에서도 추심방식보다는 송금방식을 이용하는 무역거래가 크게 증가하고 있다. 한국무역협회의 자료2)에 의하면 1997년에는 전체 수출거래 중에서 18.7%의 비중을 차지하던 단순송금방식3)의 경우 2003년에는 34.1%로 크게 증가하였다. 한편 신용장방식의 경우 1997년에는 43.1%의 수출거래가 신용장방식에 의하여 이루어지면서 무역결제방식 중에서 가장 많이 활용되고 있으나 2003년에는 단지 23.9%의 수출거래만이 신용장방식을 이용함으로써 급격한 감소추세를 보이고 있다.

이와 같은 무역결제방식에 있어서의 변화는 화환신용장거래 자체에서 누적되어 온 문제점 및 IMF관리체제하의 특유한 경제적 환경 등의 원인이 복합적으로 작용한 것이라 할 수 있다. 일부에서는 이러한 변화에 대하여 수입업자들의 신용이 강화되고 국제무역에서 신용거래가 정착되고 있는 것으로 해석하는 견해도 있으나4) 이러한 변화는 결과적으로 무역거래에 많은 부정적인 영향을 미치고 있다. 특히, 수출거래에 있어서 화환신용장이 가지는 지급확약 기능이 결여됨으로 인하여 대금회수의 위험이 증가되고, 이는 수출미수금의 증가로 이어지면서 수출거래가 위축되는 결과를 초래하고 있다.5)

본고는 최근 우리나라의 수출거래에 있어서 화환신용장의 이용감소에 기인하는 수출미수금의 발생을 감소시키고, 대금지급의 불확실성을 제거하

---

2) Korea International Trade Association, www.kita.net.

3) 단순송금방식이란 전신환(Telegraphic Transfer: T/T) 및 우편환(Mail Transfer: M/T)에 의한 결제방식을 의미한다.

4) 한국경제신문, "신용장 대신 송금결제 늘어난다", 2004. 6. 9.

5) 실제로 신용장방식이 현저하게 감소되기 시작한 1998년의 수출미수금은 수출보험공사의 보상실적을 기준으로 계산하면 총 1,033건으로 약 미화 1억 달러에 달하고 있다.

여 무역업자들이 보다 안전하게 수출거래를 수행할 수 있는 방안을 모색하는 것을 목적으로 하고 있다. 이를 위하여 최근의 화환신용장의 이용감소의 원인과 문제점을 검토하고, 이러한 문제점을 해결하기 위한 방안으로서 화환신용장과 거래절차나 특성에 있어서 상당한 차이가 있으나 화환신용장과 유사한 지급확약 기능을 수행할 수 있는 보증신용장을 무역거래에 활용하는 방안을 제시하고자 한다. 본고의 연구방법으로는 문헌연구를 중심으로 하고 있으며, 무역유관기관의 각종 실태분석자료 및 통계자료 등을 활용하였다.

Ⅱ. 화환신용장의 이용감소의 원인과 문제점

1. 화환신용장의 이용에 관한 변화추이

1980년대 이후 화환신용장은 우리나라의 대표적인 무역결제방식으로 활용되어 왔다. 1989년의 경우 약 623억 달러의 총 수출액 중에서 신용장방식에 의하여 결제가 이루어진 금액은 약 448억 달러로서 신용장의 비중은 약 72%에 달하여 우리나라 수출거래의 약 3/4의 거래가 신용장방식에 의하여 이루어질 징도로 그 활용도기 최고조에 이르고 있다. 1990년대 중반까지도 신용장방식의 비중은 40%를 상회하여 이러한 추세는 계속되었으나 IMF관리체제를 계기로 이러한 추세에 큰 변화가 야기되고 있다.

<표 1> 결제방식별 수출액과 구성비의 변화추이

단위: 억 미달러, %

결제방식	1997		1998		1999		2000		2001		2002		2003	
	금액	구성비	금액	구성비	금액	구성비	금액	구성비	금액	구성비	금액	구성비	금액	구성비
Sight L/C	475	34.9	438	33.2	378	26.3	396	23.0	333	22.2	324	20.0	360	18.6
Usance L/C	112	8.2	74	5.7	68	4.8	79	4.6	68	4.6	67	4.1	83	4.3
D/A	235	17.3	199	15.1	278	19.4	337	19.6	240	16.0	235	14.5	241	12.4
D/P	103	7.6	70	5.3	62	4.4	52	3.1	43	2.9	42	2.6	53	2.7
T/T, M/T	255	18.7	343	26.0	393	27.4	483	28.1	477	31.8	530	32.6	660	34.1
COD, CAD	144	10.6	147	11.2	192	13.4	256	14.9	193	12.8	247	15.3	311	16.1
기타	37	2.7	52	3.5	65	4.3	119	6.7	150	9.7	179	10.9	230	11.8
총액	1361	100	1323	100	1436	100	1722	100	1504	100	1624	100	1938	100

자료: 한국무역협회(www.kita.net) 자료 중에서 일부 수정, 기타 결제방식에는 계좌이체(상호계산방식), 분할영수(지급)방식, 임가공료지급방식 등 포함

<표 1>은 1997년에서 2003년까지 우리나라의 결제방식별 수출액을 나타내고 있다. 이에 의하면 1997년에는 43.1%에 이르던 신용장방식이 1999년에는 31.1%, 2001년에는 26.8%, 그리고 2003년에는 22.9%에 머물러 신용장방식의 이용이 지속적으로 감소하고 있음을 보여주고 있다. 즉, 전체 수출거래에서 꾸준하게 1/3 이상을 차지하던 신용장방식이 현재 1/5의 수준으로 급격하게 감소하였음을 알 수 있다. 이러한 신용장방식의 급격한 감소추세와 비교하여 추심방식의 경우에는 1997년에는 24.9%이었으나 2003년에는 15.1%로서 전반적으로 감소세를 보이고 있어 신용장방식보다 감소세의 정도는 완만하다. 반면에 송금방식[6]의 경우에는 1997년에는 29.5%이었으나, 1990년에는 40.8%, 2003년에는 50.2%로 급격하게 증가하여 신용장방식을 추월하여 가장 높은 비중을 차지하는 변화된 양상을 보이고 있다.

---

6) 여기에서 송금방식이란 T/T, M/T와 같은 단순송금방식과 CAD(Cash Against Document), COD(Cash on Delivery)와 같은 방식을 모두 포함하는 개념이다.

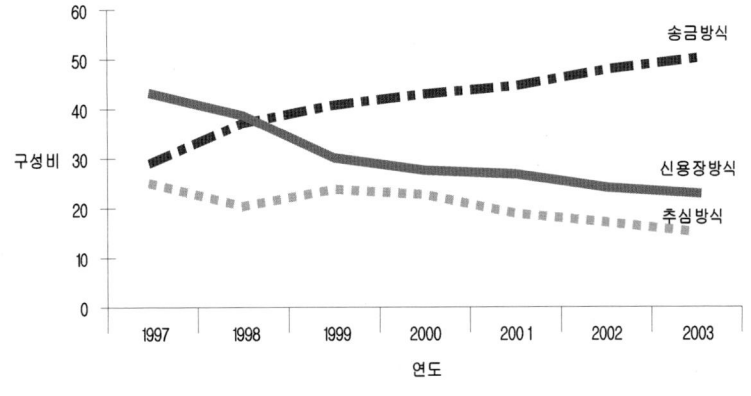

〈그림 1〉 수출결제방식의 사용추이

즉, 1997년의 경우 수출거래에서 결제방식의 활용 비중은 신용장방식 (43.1%), 송금방식(29.5%), 추심방식(24.9%)의 순서로 구성되어 있었으나 2003년의 경우 송금방식(50.2%), 신용장방식(22.9%), 추심방식(15.1%)의 순서로 변화되어 이전까지 신용장방식으로 수행되던 수출거래의 상당수가 송금방식에 의하여 이루어지고 있음을 알 수 있다(〈그림 1〉 참조).

수출거래에서의 무역결제방식의 이러한 변화는 수입거래에서도 유사 한 양상을 보이고 있다(〈표 2〉 참조). 먼저 신용장방식의 경우 1997년 에는 75.8%에 이르고 있으나 2000년에는 54.3%, 2003년에는 38.9%로 계속적으로 감소되고 있다. 추심방식의 경우 1997년에는 7.8%, 2000년 에는 10.1%, 2003년에는 6.9%로 연도별로 약간의 차이는 있으나 유의 할 만큼의 큰 변화는 보이지 않고 있다. 반면에 송금방식의 경우 1997 년에는 10.4%에 불과하여 수입거래에서의 활용이 적었으나 2000년에 는 28.5%, 2003년에는 47.8%로 그 활용이 증가하여 수출거래에 비하 여 그 비중이 급격히 증가되고 있음을 알 수 있다.

<표 2> 결제방식별 수입액과 구성비의 변화추이

단위: 억 미달러, %

결제방식	1997		1998		1999		2000		2001		2002		2003	
	금액	구성비	금액	구성비	금액	구성비	금액	구성비	금액	구성비	금액	구성비	금액	구성비
Sight L/C	601	41.3	288	31.0	324	27.1	385	24.0	307	21.8	300	19.7	288	16.2
Usance L/C	498	34.5	290	31.1	346	28.9	485	30.3	397	28.2	369	24.3	405	22.7
D/A	60	4.2	69	7.5	103	8.6	111	6.9	84	6.0	77	5.1	87	4.9
D/P	51	3.6	47	5.1	53	4.5	51	3.2	35	2.5	34	2.3	35	2.0
T/T, M/T	140	9.7	142	15.3	227	19.0	382	23.8	410	29.1	518	34.1	658	36.8
COD, CAD	9	0.7	10	1.1	35	2.9	75	4.7	87	6.2	129	8.5	197	11.0
기타	87	6.0	86	8.9	109	9.0	115	7.1	90	6.2	94	6.0	118	6.4
총액	1446	100	932	100	1197	100	1604	100	1410	100	1521	100	1788	100

자료: 한국무역협회(www.kita.net) 자료 중에서 일부 수정, 기타 결제방식에는 계좌이체(상호계산방식), 분할영수(지급)방식, 임가공료지급방식 등 포함

이러한 최근의 무역결제방식의 변화추이를 요약하자면 수출입거래 모두에 있어서 신용장방식의 비중은 지속적으로 감소되고 있으나 그 추세는 점차 둔화되고 있으며, 송금방식의 비중이 크게 증가하여 무역결제방식의 주류를 형성하는 양상을 보이고 있다. 특히 우리나라 무역업자에게 선호도가 높았던 신용장방식의 급격한 감소는 주목할 만하다.

2. 화환신용장의 이용감소의 원인과 문제점

1) 화환신용장의 이용감소의 원인

최근의 화환신용장의 이용감소에는 세계적인 경기침체로 인한 경쟁의 심화와 IMF관리체제에 따른 경제적 여건이 악화된 상황에서 여러 다양한 요인들이 복합적으로 작용한 것으로 볼 수 있으며, 그 주요한 원인으로 다음과 같은 몇 가지 사항들을 들 수 있다.

(1) 서류작업에 따른 비효율성

신용장거래는 서류거래로서 수출업자의 계약이행은 수출업자가 작성하여 제시하는 각종 서류에 의하여 확인되며 대금지급은 신용장조건과 서류와의 일치성에 따르게 된다.[7] 따라서 다양하고 복잡한 다수의 서류가 요구되며, 이러한 서류의 작성과 심사에 따른 작업은 신용장거래에서는 필수적인 요소이다.

신용장거래에서 수출업자는 대금회수를 위하여 신용장의 요구서류를 준비하여 발행은행에 제시하고, 은행은 신용장조건과 서류와의 일치성을 심사하여 서류상에 불일치가 존재하는 경우 수입업자가 불일치를 용인하지 않는 한 대금지급을 거절한다. 이러한 경우 수출업자는 신용장의 유효기일이 경과되지 않는 한 서류의 보완작업을 통하여 불일치사항을 치유하고 대금회수를 위하여 서류를 다시 은행에 제시하게 된다.[8]

여기에서 문제가 되는 것은 신용장거래에서 서류불일치의 비율이 너무 높다는 것이다. 미국에서 행해진 최근의 조사에 의하면 신용장거래에서 서류불일치의 비율은 약 73%에 달하고 있다.[9] 불일치 비율이 높다

---

7) 신용장거래에서 사용되는 서류에 대하여 실무적으로 선적서류(shipping documents) 또는 네고(nego) 서류라고 부르고 있으나 전자는 운송서류만을 의미하며 후자는 매입이라는 특정행위에 국한되는 개념이므로 바람직하지 않은 용어라 할 수 있다. 여기에서 서류란 무역대금결제와 관련된 서류를 포괄적으로 지칭하는 개념이므로 무역결제서류라 부르는 것이 적절할 것이나 본고에서는 편의상 서류라 하기로 한다. 강원진, 「신용장론」 제4판, 박영사, 2004, 289면, 각주 1 참조.

8) Margaret L. Moses, "The Irony of International Letters of Credit: They Aren't Secure, But They (Usually) Work", *Banking Law Journal*, Vol.120, June, 2003, pp.481~482.

9) Ronald J. Mann, "The Role of Letters of Credit in Payment Transactions", *Michigan Law Review*, Vol.98, 2000, p.2506. 반면에 다른 자료에 의하면 신용장거래에서 서류의 불일치 비율은 80%가 넘는다는 주장도 있다. http://www.tradecard.com/tcnew/html/benefit.htm.

는 것은 수출업자가 대금의 회수를 위하여 서류보완작업에 보다 많은
시간과 비용을 투입해야 하는 경우가 자주 발생한다는 것을 의미하며,
보완을 통하여 치유가 불가능한 서류의 불일치인 경우 수출업자는 신용
장을 통한 대금회수에 실패하게 된다.[10] 특히, 우리나라에서 주로 이용
되고 있는 매입신용장(negotiation credit)의 경우 이러한 높은 서류의
불일치비율은 수출환어음의 매입을 어렵게 만들어 수출업자는 원활한
선적 후 금융을 이용할 수 없게 된다.[11]

따라서 신용장거래에서 최초의 서류제시를 위한 서류의 준비와 서류
불일치로 인한 추가적인 서류의 보완에 따른 서류작업의 비효율성의 증
대는 수출업자의 입장에서 신용장의 효용을 감소시키고 신용장의 이용
을 기피하게 만드는 원인이 되고 있다.[12]

또한 서류작업의 비효율성은 서류작성에 소요되는 비용의 증가라는 측
면에서 신용장 이용을 감소시키는 원인으로 작용한다.[13] 서류작업의 비효

---

10) 서류불일치의 주요한 유형으로는 서류상의 오자, 탈자와 같은 서류 자체의 하자
　　가 전체 불일치의 약 85%를 차지하여 가장 많은 비중을 차지하고 있으며, 그 이
　　외의 불일치로는 서류의 누락, 지연선적, 지연제시, 유효기일의 경과, 환어음금액
　　의 초과발행, 분할선적 등이 있다(Ronald J. Mann, op. cit., p.2504). 이러한 서
　　류 불일치의 유형 중에서 서류 자체의 하자를 제외한 여타의 불일치는 신용장의
　　조건변경이 병행되지 않는다면 수출업자에 의한 단순한 서류의 보완작업만으로
　　치유되기는 곤란하다.

11) 허은숙, "IMF체제 이후 수출결제조건의 변화와 문제점: 신용장의 이용감소
　　를 중심으로", 「사회과학논집」, 건양대학교 제3권, 1999. 12, 390면.

12) 높은 서류불일치 비율이 신용장거래를 저해하고 있음을 인식한 국제상업회의
　　소(International Chamber of Commerce: ICC)는 이러한 문제의 주요한 원인
　　이 명확한 서류심사기준의 부재에 있다고 보고 2003년 1월 화환신용장하에서
　　의 서류심사를 위한 국제표준은행관행(International Standard Banking
　　Practice for the Examination of Documents under Documentary Credits:
　　ISBP)을 제정하였다. 이러한 ISBP의 제정으로 인하여 향후 서류불일치 비율
　　은 상당 부분 감소될 것으로 예상된다. ISBP에 관한 자세한 사항은 강원진,
　　"신용장서류심사를 위한 ICC 국제표준은행관행의 일반원칙에 관한 고찰",
　　「국제상학」 제18권 제3호, 2003. 9, 참조.

율성은 필연적으로 서류작업에 소요되는 시간을 증가시키게 되고, 작업시간의 증가는 서류작업에 투입되는 인력의 노동비용을 상승시킨다. 즉, 무역업체에서 신용장의 서류작성을 담당하는 직원의 업무시간 증가로 인한 노동비용을 상승시키게 되고 인건비에 대한 부담이 상대적으로 적었던 IMF 관리체제 이전에 비하여 비용의 절감이 중요시되고 있는 경제적 상황에서 인건비의 상승은 신용장의 이용에 대한 부담의 증가를 초래한다. 결국 이러한 비용에 대한 부담은 신용장의 이용을 감소시키는 요인으로 작용한다.

특히 이러한 서류작업에 따른 비용의 증가는 후진국의 신용장 이용 비율에 비하여 임금의 수준이 높아서 전체 비용 중에서 인건비가 차지하는 비중이 비교적 큰 선진국에서 신용장의 이용 비율이 낮은 주요한 원인의 하나가 되고 있다.[14]

(2) 신용장관련수수료 부담의 증가

은행을 통하여 결제가 이루어지는 신용장방식의 특성상 수수료의 발생은 불가피한 일이다. 신용장관련수수료 중에서 수출업자가 부담하는 수수료는 통지수수료, 매입수수료, 경우에 따라 조건변경수수료, 환가료 등이 있으며, 수입업자가 부담하는 수수료에는 발행수수료, 조건변경수수료, 환가료 등이 있다(〈표 3〉 참조).

---

13) 조정곤, "무역결제방식의 변화추이와 신용위험회피전략", 「사회과학연구」, 한국사회과학회 제3권 제2호, 2004. 2. 181~182면.

14) 최근 영국의 무역절차간소화위원회(Simplication of International Trade Procedures Board: SITPRO)의 조사에 의하면 2002년 무역거래에 있어서의 지역별 신용장의 이용정도는 EU 9%, EU 이외의 유럽국가 20%, 북미 11%, 남미 27%, 중동 52%, 아시아 46%, 아프리카 49%, 호주 17%로 나타나고 있다. 이에 따르면 아시아, 중동, 아프리카 등의 후진국에서 신용장의 이용 비율이 높고, 유럽, 북미, 호주 등의 선진국에서 신용장의 이용 정도는 낮은 수준을 보이고 있다. SITPRO, *Report on the Use of Export Letters of Credit* 2001/2002, 2003, p.9.

<표 3> 신용장관련수수료

구분	수수료	산식	비고
수출	통지수수료 (조건변경 포함)	건당 : 20,000원 (EDI : 건당 10,000원)	
	양도수수료	국내양도 : 건당 20,000원 국외양도 : 건당 30,000원	
	신용장분실 통지수수료	건당 30,000원	
	수출환어음 매입수수료	건당 20,000원	
	일람불환가료	매입금액×적용요율×표준추심일수/360	하자분 : 1.5% 추가
	기한부환가료	매입금액×적용요율×기간/360	
	입금지연이자	매입금액×받을당시하자환가료율×경과일수/360	하자매입분
	기한연장환가료	연장금액×적용요율×연장기간/360	
	부도이자	부도금액×외화여신연체이율×징수일수/360	
수입	발행수수료	발행금액×적용요율×기간(월단위)/3	Term Charge
	증액수수료	증액금액×적용요율(기발행수수료율)×기간/3	
	조건변경수수료	건당 10,000원	
	인수수수료	인수금액×적용요율×기간(월단위)/3	
	환가료	어음금액×환가료×표준우편일수/360	
	수입어음 결제유예이자	어음금액×4영업일째일람불환가료율×4영업일~ 결제일/360	

자료 : 국민은행(www.kbstar.com) 자료 중에서 일부 수정

표에서 보듯이 신용장방식을 이용하는 경우 발행은행, 매입은행, 통지은행 등에 대하여 각종 수수료를 부담하여야 한다. 이러한 신용장관련수수료의 부담 증가는 수출업자의 금융비용의 증가를 초래하고 이는 채산성의 악화로 이어져 신용장방식을 기피하는 하나의 원인이 되고 있다. 특히 IMF관리체제 이후 악화된 경제적 여건하에서 가능한 한 비용을 줄이고자 하는 수출업자의 입장에서 신용장관련수수료는 과거에 비하여 보다 큰 부담으로 작용하게 된다.

이에 비하여 전신환방식을 이용하는 경우 수출업자가 부담하는 수수료는 송금수수료뿐이며, 수입업자는 송금수수료와 전신료만을 부담하면 되므로 결제에 따른 수수료의 부담이 크지 않다.[15] 또한 환전수수료의 경우에도 전신환은 유리한 매매율을 적용받게 된다. 결국 전신환방식은 신용장방식과 비교하여 관련수수료를 절감할 수 있어 거래비용이 감소되고, 이러한 거래비용의 감소는 수출업자의 채산성을 높이는 요인이 될 수 있다. 따라서 과거에 신용장방식이나 추심방식을 이용하였던 본·지사 간의 거래와 같이 신뢰할 수 있는 거래선과의 무역거래의 상당수가 전신환방식으로 전환되었다.[16]

(3) 수출보험의 활용 증가

수출업자의 입장에서 신용장의 주요한 이용 목적은 수입업자로부터의 대금회수불능위험을 제거하기 위한 것이라 할 수 있다.[17] 수출업자의 신용위험을 회피할 수 있는 다른 수단이 있다면 신용장방식이 가지는 효용은 크게 줄어들게 된다. 수출보험은 수출업자에게 귀책사유가 없는 경우 수입업자로부터 회수되지 못한 수출대금을 보상해 주는 정책보험으로 수출업자의 신용위험의 효과적인 회피수단이 될 수 있다. 신용장방식의 경우에도 수출보험을 이용할 수 있으나 은행의 지급확약 없이 수

---

15) 국민은행의 경우 전신환방식의 경우 수입업자가 부담하는 수수료는 송금금액에 요율(1.0%)을 곱한 금액과 건당 8,000원의 전신료이며, 수출업자가 부담하는 수수료의 경우 건당 10,000원에 불과하다(www.kbstar.com).

16) 김희국, "신용장 방식 대금결제방법 선택요인에 관한 연구", 「국제상학」, 한국국제상학회 제15권 제2호, 2000. 12, 233면; 허은숙, 전게논문, 388면.

17) Gao Xiang & Ross P. Burkley, "The Unique Jurisprudence of Letters of Credit : Its Origin and Sources", San Diego International Law Journal, Vol.4, 2003, p.96; Emmanuel T. Laryea, "Payment for Paperless Trade: Are There Viable Alternatives to the Documentary Credit?", Law and Policy in International Business, Vol.33, Fall, 2001, pp.14~15.

입업자의 신용만으로 거래가 이루어져 대금회수불능위험이 보다 큰 무신용장방식의 경우 수출보험의 필요성은 더욱 커지게 된다. 즉, 무신용장방식의 수출거래에서 수출보험을 활용하는 경우 수출업자는 신용위험을 보험자에게 전가시킬 수 있어 신용위험의 회피를 주목적으로 신용장방식을 선택하지는 않을 것이다.

<표 4> 단기수출보험의 연도별 인수/보상 실적 추이

단위 : 억원

년도	인수 실적			보상 실적
	건수	보험금액	보험료	보험금
1997	154,292	120,174	179	155
1998	208,980	235,575	280	762
1999	282,896	273,468	338	761
2000	322,029	286,225	360	675
2001	320,982	295,325	472	350
2002	355,586	337,492	489	553
2003	586,820	380,909	458	649

자료 : 한국수출보험공사(www.keic.or.kr)

실제로 무신용장방식의 이용이 증가되기 시작한 1997년 이후 수출보험실적이 꾸준히 증가하고 있다는 사실이 이를 반증하고 있다. 통상적인 수출거래를 대상으로 하는 대표적인 수출보험종목인 단기수출보험[18]의 경우 수출보험공사의 통계에 의하면 2003년 단기수출보험의 보험인수건수는 1997년에 비하여 약 3.8배, 인수금액은 약 3.2배 정도 증가하여 수출보험을 이용하여 수입업자의 신용위험을 담보하고자 하는 수출업자가 증가하고 있음을 알 수 있다(<표 4> 참조).

[18) 단기수출보험이란 결제기간 2년 이내의 수출거래를 대상으로 수출 이후 수출대금을 회수하지 못하여 수출기업에게 발생하는 손실을 보상하는 신용보험제도이다.

2) 화환신용장의 이용감소에 따른 문제점

신용장의 이용감소에 따른 가장 심각한 문제점은 대금회수불능위험의 증가라 할 수 있다. 신용장방식은 여타의 무역결제방식과 비교하여 많은 장점을 가지고 있으나, 신용장의 가장 본질적인 장점은 수입업자의 불안한 신용상태를 발행은행의 공적신용으로 대체하여 대금회수불능의 위험을 제거하는 데 있음은 의심할 여지가 없다.[19] 따라서 무신용장방식으로 거래하는 수출업자는 대금회수불능위험에 그대로 노출될 수밖에 없으며, 무신용장방식의 증가로 인한 대금회수불능위험의 증가는 수출미수금의 증가로 이어지게 된다.

실제로 무신용장방식의 이용이 증가되기 시작한 1990년대 후반 이후 수출미수금도 급격히 증가하고 있는 사실이 이를 증명하고 있다. 〈표 4〉에서 보듯이 단기수출보험에 따라 지급된 보험금이 1997년에는 155억 원이었으나 2003년에는 649억 원으로 약 4.2배 정도 증가하여 수출미수금이 증가되고 있음을 알 수 있다. 또한 단기수출보험의 경우 수출보험공사의 사전신용조사에 따라 수입업자의 신용등급이 인수가능등급인 경우에만 수출보험을 인수하고 있으며, 송금방식에 의한 수출거래는 대금회수불능위험이 상대적으로 높으므로 수출보험공사에서 인수를 거절하는 비율이 높다는 사실을 감안한다면 실질적인 수출미수금액의 규모는 수출보험의 지급금에 비하여 크게 증가될 것으로 추정할 수 있다.[20] 이

---

19) 돌란(Dolan) 교수는 신용장의 주요 기능으로 신용의 대체(substituting credit), 유동성의 공급(providing liquidity), 비용의 감소(reducing cost), 신속한 대금지급(prompt payment feature) 등을 들고 있다(John F. Dolan, op. cit., pp. 3-25~3-36). 또한 라이어(Laryea) 교수는 신용장의 장점을 지급보증(security), 유동성(liquidity), 손해배상에서의 접근 용이성(proximity for claims)이라고 주장하고 있다(Emmanuel T. Laryea, op. cit., pp.14~16).

20) 한국무역협회의 조사보고서에 의하면 수출금액을 기준으로 송금방식에 의한 수출거래의 약 1.7%만이 수출보험에 부보되는 실정이며, 이로 인하여 거의 모든 송금방식 수출거래에서 수출미수금이 발생할 경우 수출업자가 심각한 타격을 입게 된다고

와 같이 신용장의 이용 감소는 지급보증기능의 결여로 인하여 수출거래에서 대금회수불능위험을 증가시키는 결과를 초래하고 있다.

신용장의 이용 감소로 인한 또 다른 문제점은 신용장에 의한 무역금융기능의 약화를 들 수 있다. 무역금융제도란 수출촉진을 위하여 수출업자에게 수출상품의 제조, 가공 및 구매에 필요한 자금을 일반 대출에 비하여 낮은 금리로 융자해 주는 정책금융으로서 무역금융을 이용하는 경우 수출업자는 수출에 소요되는 자금에 대한 부담을 상당부분 줄일 수 있게 된다.

이러한 무역금융의 수혜에 있어서 대부분의 무역금융이 신용장을 견질로 하여 이루어지기 때문에 무신용장방식의 경우 무역금융을 이용한 수출자금의 융통에 어려움이 있을 수 있다. 무역금융은 신용장기준금융과 실적기준금융으로 구분되며, 외국환은행과 수출업자와의 거래약정에 따라서 이루어진다. 신용장기준 금융은 수출신용장, 수출계약서 등을 기준으로 금융이 이루어지며, 실적기준 금융의 경우 과거 1년간의 수출실적을 기준으로 신용장의 여부와는 관계없이 금융이 이루어진다. 따라서 무역금융의 수혜에 있어서 신용장의 이용이 필수적인 것은 아니나 무역금융을 직접 담당하는 외국환은행의 입장에서 융자금의 회수라는 문제를 고려할 때 과거의 수출실적이 우수한 신용 있는 수출업자가 아닌 경우에 무신용장방식으로 이루어지는 수출거래에 대하여 적극적으로 무역금융을 지원하기는 어려운 일이다.

다시 말하면 수출계약서만으로 무역금융의 수혜 대상이 되므로 무신용장방식의 경우에도 무역금융을 융자받을 수 있으나 무신용장방식의 경우 수출대금회수불능의 가능성이 상대적으로 크기 때문에 은행으로서는 무역금융의 융통에 소극적인 태도를 보이게 되고 이는 수출업자에게 자금적인 압박으로 작용할 수 있다.

보고하고 있다. 한국무역협회, 「송금방식 수출급증의 원인과 대책」, 1999. 9.

Ⅲ. 대체결제수단으로서의 보증신용장의 활용

1. 보증신용장의 본질

보증신용장은 제2차 세계대전 이후 미국에서 본격적으로 활용되기 시작한 신용장의 발전적 형태라 할 수 있다. 당시에 연방은행에 의한 타인의 채무에 대한 보증행위가 연방은행법(National Bank Act 1864)에 근거하여 월권행위라는 판결[21]이 내려진 이후에 은행의 보증서 발행이 사실상 금지되면서 일종의 탈법행위로 보증서가 아닌 신용장의 형식을 취한 보증신용장이 본격적으로 사용되기 시작하였다. 이러한 탈법적 사용목적으로 인하여 초기에는 보증신용장이 과거의 보증서와 동일하다는 주장이 제기되면서 그 적법성과 유효성에 관하여 많은 논란이 있었으나[22] 그 후 보증신용장은 관련법의 개정[23]에 의하여 적법성을 부여받았으며 논란은 일단락되었다. 관련법규를 정리하면 보증신용장이란 은행 등의 발행인이 고객인 채무자의 요청에 의하여 보증신용장의 유효기일 이전에 보증신용장의 요구조건에 따라 채권자인 수익자의 단순한 지급청구 또는 채무자의 불이행을 입증하는 서류의 제시에 의한 지급청구[24]에 대하여 수익자에게 지급할 것을 약정하는 증서라 할 수 있다.

현재 보증신용장은 미국을 포함하여 약 30여 개 구가에서 활발하게 사용되고 있으며 국제적으로 그 사용이 점차 확산되는 추세에 있다. 특

---

21) *Bowen v. Needles National Bank*, 94 F. 925 (9th Cir. 1899).

22) Henry J. Arnold & Edward Bransilver, "The Standby Letter of Credit - The Controversy Continues", *Uniform Commercial Code Law Journal*, Vol.10, 1978, pp.281~287.

23) 12 C.F.R. 7.1016 (1977).

24) 채무자의 불이행을 입증하는 서류에 의하여 지급이 이루어지는 보증신용장을 특히 standby documentary credit이라 하기도 한다. Diane B. Wunnicke, *Standby Letters of Credit*, Wiley Law Publications, 1989. p.11.

히 미국의 경우 보증신용장은 발행건수 및 발행금액의 규모 등에서 화환신용장을 크게 압도하여 이미 보증신용장의 활용이 일반화되어 있다.25) 자료에 의하면 2001년 1/4분기 동안 미국의 300대 상업은행들의 보증신용장발행금액은 미화 2,467억 달러로 이는 동기간의 총신용장발행금액(미화 2,700억 달러)의 약 91%를 차지하고 있다. 또한 이러한 금액은 보증신용장의 사용초기인 1973년의 경우 미국의 주요상업은행이 1년 동안 발행한 보증신용장금액이 약 미화 60억 달러였다는 사실을 감안하여 볼 때 보증신용장의 활용이 급속히 증가하고 있음을 알 수 있다.26)

보증신용장은 현재 보증을 요하는 다양한 국제거래에서 활용되고 있는데, 주요한 보증신용장의 유형은 다음과 같다.27)

① 이행보증신용장(performance standby credit)

이행보증신용장이란 발행의뢰인이 금전채무 이외의 계약의무를 불이행하는 경우 약정된 금액을 수익자에게 지급하기로 약정한 보증신용장을 말하며, 발행의뢰인이 근거계약에 따른 의무를 불이행함으로써 수익자에게 야기될 수 있는 손실을 회복하기 위한 목적으로 주로 사용되고 있다. 이행보증신용장은 1970년대 중동의 산유국을 중심으로 정부주도의 대규모 개발사업이 많이 추진되면서 정부가 개발에 참여하는 선진국 기업의 이행을 보증받기 위하여 보증신용장을 요구하면서 많이 사용되었다.28)

---

25) 미국의 경우 국제거래가 아닌 임대차계약이나 대출계약과 같은 보증을 요하는 다양한 국내거래에서도 보증신용장이 활용되고 있다.

26) Anonymous, "Statistics: 1st Quarter 2001", *Documentary Credit World*, Vol.5, No.8, 2001. 9, pp.33~38; Dean Pawlowic, "Standby Letters of Credit: Review and Update", *Uniform Commercial Code Law Journal*, Vol.23, No.4, 1991, p.418.

27) 이상훈, "보증신용장의 활용을 위한 법규적 접근", 「무역학회지」, 한국무역학회 제28권 제2호, 2003. 4, 250~254면 참조.

② 역보증신용장(counter standby credit)

역보증신용장이란 수익자에 의한 보증신용장의 발행 또는 다른 약정
(예를 들어, 화환신용장에 따른 발행은행의 지급약정)을 보증하기 위한
용도로 사용되는 보증신용장을 말하며, 소위 역보증(counter guarantee)
의 형태를 취하게 된다.[29] 이러한 유형의 보증신용장거래에서는 두 개
의 신용장이 연계되어 사용되는 경우가 많으며, 동일한 은행이 보증신용
장거래에서는 수익자가 되며 다른 신용장거래에서는 발행은행의 역할을
수행하게 된다는 특징을 가지고 있다.

③ 금융보증신용장(financial standby credit)

금융보증신용장은 금융거래에서 사용되는 것으로서 채권·채무와 관
련하여 흔히 사용되는 일반적인 보증에 가장 근접한 형태라 할 수 있다.
이는 대출계약 또는 소비대차계약에서 채무자에 의한 채무불이행이 있
을 경우 발행은행이 채권자에게 금전을 지급할 것을 약정한 보증신용장
이다.[30] 금융보증신용장은 지급보증과 같은 유사한 기능을 수행하는 다
른 수단에 비하여 발행은행의 공신력을 이용하여 보다 낮은 비용으로
채무자의 신용을 크게 향상시키는 효과를 가진다는 이점을 가지고 있
다.[31] 또한 실제로 이러한 보증신용장에 따른 지급이 이루어지는 비율

---

28) 1979년에 행해진 조사에 의하면 미국은행에 의하여 국제거래와 관련하여 발행된 보
   증신용장 중에서 약 50%의 보증신용장이 건설사업과 관련하여 발행된 것으로
   나타났다. Boris Kozolchyk, "The Emerging Law of Standby Letter of Credit
   and Bank Guarantees", Arizona Law Review, Vol.24, 1982, p.325.

29) 이러한 형태를 back-to-back standby credit이라 하기도 한다. Diane B. Wun-
   nicke, op. cit., pp.83~84.

30) James E. Byrne, The Official Commentary on the International Standby
   Practices, Institute of International Banking Law and Practice, Inc., 1998,
   pp.2~3.

31) Boris Kozolchyk, "The Financial Standby : A Summary Description of Practice
   and Related Legal Problems", Uniform Commercial Code Law Journal, Vol.28,

이 높지 않다는 점으로 인하여 그 이용이 증대하였다.[32]

한국의 경우 물품구입이나 부지매입 등 외국의 현지에서 필요한 자금들을 융자받고자 하는 기업들이 현지금융을 위한 담보수단으로 금융보증신용장을 많이 활용하고 있다.

④ 직접지급보증신용장(direct pay standby credit)

직접지급보증신용장이란 최근에 등장한 새로운 유형의 보증신용장으로 불이행의 발생 여부와 관계없이 근거계약에 따른 지급기일이 도래하는 경우 지급할 것을 약정하고 있다.[33] 직접지급보증신용장은 금융보증신용장과 관련하여 많이 사용되고 있으며, 발행금액의 측면에서 이행보증신용장을 약 2배 정도 능가할 정도로 빠른 성장세를 보이고 있다.[34]

직접지급보증신용장과 다른 유형의 보증신용장과 구별되는 중요한 특성은 후자의 경우 근거계약과 관련하여 어떠한 유형의 불이행 또는 위반이 있을 경우에만 지급이 이루어지나 전자의 경우 당사자들이 지급을 행하는 상황을 예상하고 그러한 지급을 위하여 사용하는 것이라는 점이다.[35]

No.4, 1996, pp.328~329.

32) 오래된 통계이지만 1979년 미국의 연방준비위원회(Federal Reserve Board)의 조사에 따르면 1978년의 1년 동안 발행된 보증신용장 중에서 겨우 2.03%만이 채무자의 채무불이행에 따른 지급청구가 행해진 것으로 나타났다. James Christopher, "The Use of Loan Sales and Standby Letters of Credit by Commercial Banks", *Journal of Monetary Economics*, Vol.22, 1988, p.399.

33) 직접지급보증신용장은 이러한 특성으로 인하여 지방공공단체에 의하여 발행되는 기채 등에 사용되는 경우도 있다. 新堀聰, "スタンドバイ信用狀(2)", 「國際金融」 1077号, 2001. 12, 61面.

34) James E. Byrne, *op. cit.*, pp.3~4.

35) John F. Dolan, "Analyzing Bank Drafted Standby Letter of Credit Rules, the International Standby Practices (ISP98)", *Wayne Law Review*, Vol.45, 2000, p.1893.

⑤ 상업보증신용장(commercial standby credit)

상업보증신용장은 물품매매와 관련하여 발행의뢰인(수입상)이 근거계약에서 정한 결제방식에 따른 대금지급을 이행하지 않을 경우 수익자(수출상)에게 매매대금을 지급할 것을 약정한 보증신용장이다. 상업보증신용장은 매수인의 대금지급의무를 보증한다는 점에서 화환신용장과 가장 유사한 기능을 수행하는 보증신용장이라 할 수 있다.

2. 수출거래에서의 보증신용장의 활용

1) 수출거래에서 보증신용장의 활용방법

수출거래에서 화환신용장의 대체적 결제방식으로 활용 가능한 보증신용장의 유형은 상업보증신용장이다. 물론 지금까지 수출거래와 관련하여 보증신용장이 전혀 사용되지 않은 것은 아니다. 즉, 일반적인 경우는 아니지만 화환신용장의 발행에 따른 발행은행의 지급의무를 확약하기 위한 목적으로 수출업자가 자신의 거래은행을 통하여 발행은행에 제공하는 보증신용장, 즉 역보증신용장이 사용되는 경우가 있다.[36] 또한 거래금액이 큰 수출거래에서 수입업자가 제공하는 화환신용장과는 별개로 수출업자의 계약이행 여부를 확약하기 위한 목적으로 수출업자가 수입업자에게 제공하는 이행보증신용장과 같은 형태의 보증신용장이 사용되기도 한다. 그러나 화환신용장의 대체적 결제방식의 의의를 수출상에게 대금회수불능위험을 제거하여 지급확약의 기능을 제공하는 결제방식이라는 관점에서 본다면 위에서 언급한 역보증신용장이나 이행보증신용장과 같은 유형의 보증신용장은 수출업자의 이행을 확약하기 위한 용도로

---

36) Diane B. Wunnicke, *op. cit.*, pp.83~85.

사용되고 있으므로 화환신용장거래의 보완적 기능을 수행하는 것으로 볼 수 있다. 반면에 상업보증신용장은 수입업자가 매매계약에서 정한 결제방식에 따른 대금지급을 이행하지 않을 경우 수출업자에게 매매대금을 지급할 것을 약정한 보증신용장이므로 수입업자의 대금지급의무를 확약한다는 점에서 수출업자에게 화환신용장의 대체적 결제방식으로서의 기능을 제공할 수 있는 보증신용장이라 할 수 있다.[37]

수출거래에서 보증신용장을 활용할 경우 그 거래과정은 다음과 같다. 수출업자와 수입업자가 매매계약에 있어서 송금방식과 같은 무신용장방식으로 결제하고 추가적으로 수입업자의 지급보증을 위하여 보증신용장을 활용하기로 합의하는 매매계약을 체결한다. 매매계약에 따라 수입업자는 자신의 거래은행(보증신용장의 발행은행)을 통하여 보증신용장을 발행하여 수출업자에게 송부한다. 수출업자는 물품을 선적하고 수입업자에게 대금의 지급을 청구한다. 이때 수입업자가 대금을 지급하는 경우 보증신용장은 사용되지 않고 무효화된다. 반면에 수출업자의 지급청구에 대하여 수입업자가 대금을 지급하지 않는 경우 수출업자는 발행은행에 보증신용장의 요구서류를 제시하고 지급을 청구한다. 통상적으로 보증신용장거래에서는 수입업자의 채무불이행을 기재한 불이행진술서(statement of default)와 환어음을 요구하며, 경우에 따라 1, 2종류의 서류가 추가적으로 요구된다.[38] 이러한 추가서류로서 무역거래와 관련하여 사용되는 상업보증신용장의 경우 수출업자의 계약이행을 증명하는 상업송장이나 선화증권의 사본을 요구할 수도 있다.[39] 수출업자의 지급

---

37) 박석재, "스탠드바이 신용장 통일규칙(ISP98)의 주요 내용 및 효과에 관한 연구", 「국제상학」, 한국국제상학회 제17권 제3호, 2002. 12. 89～91면.

38) Stephen J. Pearlman, "Types of Nontrade Letter of Credit Used in Today's Marketplace", *A Practical Guide to Letters of Credit*, Executive Enterprise Publications Co., Inc., 1990, p.20.

39) 박석재, 전게논문, 90면.

청구에 대하여 발행은행은 제시서류와 요구서류와의 일치성 여부를 심사하고 일치할 경우 수출업자에게 대금을 지급하게 된다.

2) 수출거래에서 보증신용장 활용에 따른 이점

수출거래에서 여타의 결제방식을 보완하는 방식으로 보증신용장을 함께 활용할 경우 무신용장방식만을 사용하는 경우 및 화환신용장을 결제방식으로 사용하는 경우와 비교하여 다음과 같은 다양한 이점을 얻을 수 있다.

첫째, 보증신용장은 수출업자에게 화환신용장과 동일한 지급확약기능을 제공하여 수입업자로부터의 대금회수불능위험을 제거할 수 있다. 보증신용장거래에서 발행은행의 지급의무는 보증계약에 따른 보증인으로서의 종속채무가 아니라 수익자의 서류제시에 따라 발생하는 주채무로서 수출업자에게 화환신용장과 동일한 효용을 가진다.[40] 즉, 화환신용장과 마찬가지로 수입업자의 신용상태와는 무관하게 수출업자가 신용장조건에 상응하는 서류를 제시하는 경우 발행은행으로부터 지급을 받을 수 있다. 단, 보증신용장거래에서는 매매계약에 정한 결제방식에 따라 수입업자로부터 대금지급이 이루어지지 않을 경우에만 수출업자가 발행은행에 대하여 지급을 청구할 수 있으므로 물품의 선적 이후 조속한 대금회수가 가능한 화환신용장거래에 비하여 발행은행으로부터의 지급이행에는 더 많은 시간이 소요될 수 있다.

또한 보증신용장의 이러한 지급확약기능은 무역금융을 통한 수출소요자금의 조달에도 유리하게 작용한다. 수출업자는 화환신용장의 경우와 동일하게 보증신용장의 지급확약기능을 강조하여 무역금융을 담당하는 개별 외국환은행으로부터 보증신용장을 견질로 보다 용이하게 무역금융

---

40) Robert S. Rendall, "Letter of Credit and Guarantees as Security", *Real Estate Law and Practice Course Handbook Series*, Practising Law Institute, 2003, pp.1418~1419.

을 융자받을 수 있게 된다.

둘째, 보증신용장은 화환신용장에 비하여 거래절차에 있어서 편의성을 가진다. 즉, 보증신용장에 따라서 수출업자가 지급을 청구하는 경우 발행은행의 서류심사에 있어서의 편의성으로 인하여 화환신용장에 비하여 시간과 비용을 절감하는 효과를 가진다. 통상적인 보증신용장거래에서는 수입업자의 대금미지급에 따른 지급청구서류로서 수출업자에 의하여 작성되는 불이행진술서와 환어음과 같은 단순한 서류만이 요구되거나[41] 또는 매매계약의 이행여부의 판단을 위하여 추가서류를 요구하는 경우에도 선화증권이나 상업송장의 사본과 같은 1, 2종류의 최소한의 서류만이 요구되므로 서류심사에 있어서 불필요한 지연이 발생되지 않으며 서류심사비용과 같은 은행수수료를 절약할 수 있다.[42] 또한 수출업자의 입장에서는 복잡하고 다양한 서류를 요구하는 화환신용장과 달리 보증신용장에서는 수입업자가 필수적이고 소수의 단순한 서류만을 요구하므로 서류준비작업에 있어서의 시간과 비용을 절약할 수 있다.

한편 수입업자에 의하여 대금이 정상적으로 지급되어 보증신용장이 사용되지 않는 경우에는 지급청구가 이루어지지 않으므로 발행은행은 거래에 개입하지 않게 되어 화환신용장과 같은 복잡한 거래절차를 이행할 필요가 없게 된다. 이러한 이점으로 인하여 은행에서도 보증신용장을 선호하는 경향을 보이고 있다.

셋째, 보증신용장은 최근에 부각되기 시작한 소위 선화증권의 위기(The

---

41) 예외적으로 발행의뢰인의 채무불이행을 수익자가 아닌 제3자가 확인하여 주는 제3자 발행의 불이행증명서(certificate of default)가 요구되는 경우도 있으나, 이는 제3자의 주관적 판단이 개입되기 쉬우며 제3자의 확인을 위한 시간 및 비용의 부담이 있어 수익자의 입장에서는 이러한 서류의 사용을 기피하는 경향이 있다. 이상훈, "보증신용장거래에서 발행은행의 지급이행에 관한 몇 가지 문제점", 「국제상학」, 한국국제상학회 제19권 제1호, 2004. 3, 160면.

42) 박석재, 전게논문, 90면.

B/L Crisis)[43]에 대한 해결책이 될 수 있다. 화환신용장에 의한 무역거래에서의 문제점으로 등장한 선화증권의 위기란 선박의 고속화로 물품의 운송기간은 단축되었으나 선적서류는 은행을 경유하여 처리됨으로 인하여 본선이 목적항에 도착하였음에도 불구하고 수화인이 선적서류를 입수하지 못하여 물품을 입수할 수 없는 사태를 말한다.[44] 이러한 문제에 대한 실무적인 해결책으로 은행의 수입화물선취보증장(letter of guarantee: L/G)에 의한 화물인도방식인 소위 보증도가 이용되어 왔다. 그러나 보증도는 선화증권의 법리에 위배되는 편법적인 방식으로 보증도에 따른 복잡한 절차와 비용 그리고 수입화물선취보증장의 위조[45] 등의 문제로 인하여 선박회사 및 은행 등의 관계당사자들은 보증도에 따른 물품인도를 기피하고 있는 실정이다. 근거리무역에서 화환신용장을 사용할 경우 선화증권의 위기는 수출업자의 대금회수에는 아무런 영향을 미치지 않으나 수입업자에게는 물품입수의 지연을 야기하는 주요한 원인으로 작용하게 되므로 수입업자의 입장에서 화환신용장의 사용을 기피하는 요인이 되고 있다.

　보증신용장은 이러한 선화증권의 위기에 대한 효과적인 해결책이 될 수 있다.[46] 보증신용장거래에 있어서 기본적으로 선적서류는 은행을 경유하지 않고 수출업자로부터 수입업자에게 직송되므로 본선이 목적항에 도착하는 즉시 수입업자는 물품을 입수할 수 있게 된다. 또한 물품을 입수한 이후 수입업자가 대금을 지급하지 않는다 하더라도 수출업자는 보증신용장에 따라 발행은행에 대금지급을 청구하면 지급을 받을 수 있으므로 선적서류의 직송에 따른 대금회수불능의 위험을 부담하지 않는다.

---

43) 선화증권의 위기를 고속선의 문제(The Fast Ships Problem)라고도 한다.

44) 新堀聰, 「貿易取引の理論と實踐」, 三嶺書房1, 1993, 153面.

45) 대판, 1989.3.4, 87다카 791; 대판, 1992.1.21, 91다 14994.

46) 일본의 新堀聰 박사는 해상운송장 및 전자식선화증권의 활용과 함께 보증신용장의 활용을 선화증권의 위기에 대한 해결책으로 들고 있다. 新堀聰, 前揭書, 162~163面.

일부 학자는 해상화물운송장(Sea Waybill: SWB)과 같은 비유통성 운송
서류를 이용하면 선화증권의 위기를 해결할 수 있다고 주장하나 화환신
용장거래에서 수입업자에게로의 운송서류의 직송은 발행은행이 신용장조
건으로 허용하지 않는 한 불가능하며, 발행은행은 신용장대금에 대한 물
품의 담보권을 확보하기 위하여[47] 수입업자가 신용장대금을 선지급하지
않는 한 서류의 직송을 허용하지 않을 것이다.[48] 또한 수출업자의 입장
에서도 대금을 선지급받지 않는 한 대금회수에 대한 보장 없이 운송서류
를 수입업자에게 직송하여 물품을 반출하게 하는 위험을 감수하려고 하
지 않을 것이다. 따라서 물품의 운송기간이 짧은 근거리의 무역거래에서
는 비유통성 운송서류를 활용하는 방안보다는 보증신용장을 활용하는 방
안이 선화증권의 위기에 대응하는 효율적인 해결책이라고 생각된다.

Ⅳ. 보증신용장의 활용상의 과제

1. 보증신용장의 활용가능성에 대한 이해

무역거래에서 보증신용장의 활용을 증대시키기 위해서는 보증신용장
에 대한 수출업자와 수입업자 및 은행을 포함한 무역관련업계의 인식전
환이 선행되어야 한다.

우리나라의 경우 화환신용장에 비하여 보증신용장은 거의 활용되지
않고 있는 실정인데 이는 미국과는 달리 은행보증서의 사용이 법률에

---

47) 이를 위하여 대부분의 화환신용장거래에 있어서 발행은행은 선화증권을 발행
　　은행지시식으로 발행할 것을 요구하여 발행은행의 담보권 확보와 물품의 처
　　분에 대비하고 있다. Margaret L. Moses, *op. cit.*, pp.484~488.
48) 이러한 이유로 해상화물운송장은 일반적인 무역거래보다는 본·지사 간의 거
　　래 및 개인용도의 이사화물의 운송 등에서 주로 활용되고 있다.

의하여 금지되지 않기 때문에 보증이 요구되는 각종 거래에 있어서 은행보증서를 사용하고 있기 때문이다. 반면에 보증신용장은 해외에서의 대규모 건설공사계약과 관련한 이행보증 또는 입찰보증을 목적으로 하여 이행보증신용장의 용도로 활용하거나 아니면 해외에서의 자금차입을 위한 금융보증신용장으로 제한적으로 활용되고 있다.[49] 이러한 용도로 활용되는 경우에도 국내업계의 자발적인 활용이라기보다는 건설공사를 발주하는 업체 또는 자금을 제공하는 은행의 요구에 의하여 비자발적으로 보증신용장을 발행하여 제공하는 경우가 대부분이다.

무역관련업계의 경우 무역거래에서 화환신용장의 활용에는 익숙하나 화환신용장의 대체적 지급보증수단으로서 보증신용장을 활용할 수 있다는 가능성과 활용 시의 이점 등에 대해서는 제대로 인식하고 있지 않다. 또한 보증신용장의 실무를 담당하여야 할 은행의 담당자들도 화환신용장에 비하여 취급의 빈도수가 극히 적은 보증신용장에 대하여 충분한 전문지식을 습득하지 못하고 있다. 특히, 수출업자들은 송금방식 등 무신용장방식의 수출거래에서 보증신용장을 활용하는 경우 수출미수금의 발생을 방지할 수 있다는 사실을 인식하고 수입업자와의 계약체결 단계에서부터 보증신용장을 활용할 수 있도록 적극적인 자세로 협상에 임하여야 할 것이다.

---

49) 자료에 의하면 국내의 한 대기업의 주거래은행을 조사한 결과 1994년의 경우 총 359건의 은행보증서를 발행의뢰하였으나 보증신용장은 단 1건을 발행의뢰하였고, 1995년의 경우 총 176건의 은행보증서를 발행의뢰하였으나 보증신용장의 발행의뢰는 7건으로 은행보증서에 비하여 활용이 극히 적은 것으로 나타났다. 최근의 통계자료는 입수하지 못하였으나 몇몇 은행의 담당자와 전화를 통하여 면담한 결과 국내에서 보증신용장의 활용은 과거에 비하여 증가하고 있으나 아직 은행보증서나 화환신용장에 비하여 활용도는 매우 낮은 것으로 보인다. 박석재, "스탠드바이(Standby)신용장의 활용상의 문제점에 관한 연구", 성균관대학교 박사학위논문, 1996, 117~118면 참조.

2. 보증신용장의 준거법규에 대한 이해

보증신용장의 활용증대를 위해서는 관계당사자들이 보증신용장의 준거법규를 명확히 이해하고 숙지할 필요가 있다. 이러한 준거법규의 이해 없이는 보증신용장거래의 원활한 이행이 곤란해질 것이며 보증신용장에 관련된 분쟁이 빈번하게 발생할 것이다.

현재 국제적으로 보증신용장에 적용하기 위하여 제정된 준거법규로는 1998년 국제상업회의소(International Chamber of Commerce: ICC)에 의하여 제정된 보증신용장통일규칙(International Standby Practices: ISP98)[50]과 유엔국제상거래법위원회(United Nations Commission on International Trade Law: UNCITRAL)의 주도하에 1995년 제정된 독립적 보증과 보증신용장에 관한 유엔협약(United Nations Convention on Independent Guarantees and Stand-by Letters of Credit)[51]이 있다. 그러나 유엔협약은 협약의 특성상 우선적으로 체약국에 대하여만 효력을 가지므로[52] 준거문언의 삽입에 의하여 적용되는[53] ISP98을 보증신용장 거래의 준거규정으로 삼는 것이 오히려 보증신용장의 국제적 활용증대에

---

50) ICC Publication No. 590 (1998).

51) 본 협약은 5개국 이상의 비준서 등이 기탁된 날로부터 1년이 경과된 후 다음 달의 1일부터 발효되는 것으로 규정하고 있으며, 1998년 12월 8일 튀니지 (Tunisia)가 다섯 번째로 비준서를 기탁하여 2000년 1월 1일부로 체약국에 대하여 효력을 발생하게 되었다. 2004년 9월 현재 본 협약을 비준한 국가는 Belarus, Ecuador, El Salvador, Kuwait, Panama, Tunisia 등 총 6개국이며, 미국의 경우 1997년 12월 11일 본 협약에 서명하였으나 비준서를 기탁하지는 않았다.

52) 본 협약이 적용되기 위해서는 보증신용장의 발행은행의 영업지가 체약국 내에 있거나 섭외사법에 따라 체약국의 법이 적용되는 경우이어야 한다. UN Convention Article 1(1).

53) ISP98은 명칭이나 표현에 관계없이 국내외의 사용을 불문하고 준거문언이 명시된 모든 보증신용장에 적용된다. ISP98 Rule 1.01.

기여할 것이다.54)

보증신용장통일규칙이 제정되기 이전에는 신용장이라는 명칭의 공통성에 따라 보증신용장의 준거법규로 화환신용장통일규칙(Uniform Customs and Practice for Documentary Credit: UCP)이 주로 적용되어 왔고 화환신용장통일규칙은 보증신용장을 그 적용대상으로 명시하고 있으나55) 원래화환신용장을 위하여 제정된 법규이므로 보증신용장에 적용 가능한 규정을거의 포함하고 있지 않다.56) 또한 무역거래에서 사용되는 보증신용장이라하더라도 이는 화환신용장이 아닌 보증신용장이므로 화환신용장통일규칙이 아닌 보증신용장통일규칙의 적용대상에 포함된다는 사실은 명백하다.57)

따라서 향후의 보증신용장거래에서는 보증신용장거래관행을 고려하여제정된 보증신용장통일규칙이 적용될 것이므로 보증신용장거래당사자들은 이에 대한 이해가 필요하다. 특히 보증신용장의 발행, 서류심사 및지급이행과 같은 보증신용장 관련 업무를 직접 담당하는 은행의 담당자

---

54) James E. Byrne, "Why the ISP Should be Used for Standbys", *The 2001 Annual Survey of Letter of Credit Law & Practice*, 2001, p.30.

55) 화환신용장통일규칙은 1974년 제3차 개정까지 보증신용장을 적용대상으로 명시하고 있지 않았으나 그 당시 보증신용장에 관한 준거법규의 역할을 수행할 명확한법규가 존재하지 않고 보증신용장이 신용장이라는 명칭을 사용하고 있으며 화환신용장과 유사한 절차에 따른다는 점 등을 이유로 1984년 제4차 개정부터 보증신용장을 적용대상에 포함하는 것으로 명시하게 되었다.

56) 국제상업회의소에서는 화환신용장통일규칙 중에서 보증신용장의 특성상 운송서류를 포함한 서류관련조항은 보증신용장에 적용되지 않는다고 설명하고 있다. ICC, *Document No.470-37/104*, September 18, 1992, Article 1 Comments.

57) ISP98은 준거법과 상충되지 않는 범위 내에서 이를 보충하며, 동시에 준거하는 다른규칙이 있을 경우 우선 적용된다. 예를 들어, ISP98과 UCP 모두에 준거하는 신용장이 발행되는 경우 그 신용장이 약정의 내용상 화환신용장이 아닌 보증신용장에해당한다면 UCP와 상충되는 어떠한 조항에 대해서도 ISP98이 우선적으로 적용된다. James E. Byrne, *The Official Commentary on the International Standby Practices*, Institute of International Banking Law and Practice, Inc., 1998, pp.9~10.

들은 보증신용장통일규칙에 대하여 충분히 숙지하고 업무에 임하여야
한다.

3. 수입업자의 보증신용장 발행에 대한 부담

수입업자는 보증신용장의 발행에 따른 부담으로 인하여 무역거래에서
보증신용장의 사용을 기피할 가능성이 있다.

발행의뢰인이 발행은행에 보증신용장의 발행을 의뢰하는 경우 발행은
행은 보증신용장을 통한 지급확약이 발행의뢰인에 대한 여신행위의 일
종이므로 대부분의 경우 발행의뢰인에게 담보의 제공을 요구하게 된다.
우리나라의 경우 이러한 담보로서 발행은행은 부동산과 같은 물적 담보
를 요구하는 것이 통상적이며, 외국의 경우 물적 담보 이외에 발행은행
은 보증신용장의 발행에 따른 발행의뢰인의 불확정상환채무를 담보하기
위하여 현금부담보계정으로 현금을 납입하도록 요구하는 경우도 있
다.58) 발행은행은 발행의뢰인에게 요구한 담보가 제공되지 않을 경우
보증신용장을 발행하지 않으려 할 것이므로 수입업자는 담보의 제공에
대한 부담을 가질 수밖에 없다.

수입업자가 느끼는 담보제공에 따른 부담이라는 문제는 화환신용장에
의한 결제방식의 경우 동일하게 적용된다. 반면에 송금방식과 같은 무신용
장방식에서는 수입업자의 신용만으로 거래가 이루어지므로 은행에 대한 담
보제공에 따른 부담이 전혀 없다는 점을 고려할 때 수입업자는 담보제공으
로 인하여 무역거래에서 보증신용장의 사용에 상당한 부담을 가질 수 있다.

또한 발행에 따른 담보보다 액수는 적으나 보증신용장의 발행에 따른

---

58) Read H. Ryan, "Letters of Credit Supporting Debt for Borrowed Money:
The Standby as Backup", *Banking Law Journal*, Vol. 100, 1983, p.414.

수수료 역시 수입업자에게 부담으로 작용할 수 있다. 보증신용장의 경우 은행에 따라 약간의 차이는 있으나 한국의 경우 신용장금액의 약 2% 정도의 발행수수료를 은행에 납부하여야 한다.[59] 발행수수료는 신용장 금액에 비례하므로 보증신용장의 발행금액이 커질수록 수입업자는 발행수수료에 대한 부담을 가지게 된다. 발행수수료의 경우 보증신용장의 발행에 의하여 대금회수불능위험을 제거할 수 있게 되므로 수입업자를 대신하여 수출업자가 납부한다면 수입업자의 부담을 경감시킬 수 있을 것이다. 또한 수출업자가 발행수수료를 부담한다 하더라도 보증신용장이 사용되지 않는 무신용장방식에서 대금회수불능에 대비하여 수출보험에 부보하여야 하는 경우를 가정한다면 발행수수료는 보험료보다 상대적으로 저렴하므로 수출업자에게 큰 부담이 되지는 않을 수도 있다.

4. 수출업자에 의한 부당한 지급청구의 가능성

보증신용장거래에서 수익자의 지급청구권은 발행의뢰인에 의한 근거계약의 불이행에 의하여 발생되며,[60] 발행은행의 지급의무는 수익자의 지급청구서류와 보증신용장조건의 일치성에 의하여 발생된다. 즉, 발행은행은 수익자에 의하여 제시된 서류와 보증신용장조건이 문면상으로 일치하는 경우 지급을 이행하게 된다. 보증신용장거래에서는 이러한 독립추상성의 원칙에 의하여 수익자에 의한 부당한 지급청구의 가능성이 내재되어 있다.

이러한 문제는 화환신용장거래에서도 발생되고 있으나 보증신용장거래의 경우 지급청구서류의 특성으로 인하여 부당한 지급청구의 위험은

---

59) 화환신용장의 경우 대부분의 은행은 발행금액의 약 0.17~0.18%의 발행수수료를 징수하고 있으며, 3개월의 기간수수료(Term Charge)의 형태를 취하고 있다.

60) John F. Dolan, *op. cit.*, p.1~16.

크게 증가된다.[61] 보증신용장의 지급청구서류는 수익자가 발행하는 불이행진술서와 환어음으로 구성되는 것이 대부분이므로 제3자와의 공모 없이 수익자의 악의적 의도만으로 부당한 지급청구가 용이하게 행해질 수 있다.[62] 제3자인 운송인에 의하여 작성되는 운송서류를 통하여 근거계약의 이행을 보장하는 안전장치를 취하고 있는 화환신용장에 비하여 이러한 지급청구서류의 특성은 보증신용장거래에서 수익자의 부당한 지급청구를 야기하는 주요한 요인으로 작용하고 있으며, 수익자의 부당한 지급청구의 가능성은 보증신용장거래의 활성화에 큰 장애가 되고 있다.

무역거래와 관련된 보증신용장거래에서도 수출업자에 의한 부당한 지급청구의 가능성이 존재한다. 예를 들어, 수입업자가 대금을 이미 지급하였거나 물품의 실질적인 하자를 이유로 수입업자가 대금을 지급거절하였거나 또는 당사자 간에 매매계약에 따른 대금지급에 관한 분쟁이 진행되고 있음에도 불구하고 수출업자가 발행은행에 대금의 지급을 청구하는 일이 발생할 수 있다. 수출업자에 의하여 부당한 지급청구가 행해지는 경우 선의로 지급을 이행한 발행은행은 책임을 부담하지 않으므로 수입업자가 선의의 손실을 입을 가능성이 있다.

수출업자의 부당한 지급청구에 의한 수입업자의 선의의 손실을 방지하기 위한 방안으로 보증신용장조건으로 지급청구고지조항(Notice of Demand Clause)을 삽입하는 방안을 들 수 있다. 지급청구고지조항이란 수익자가 지급청구 이전에 보증신용장에 설정된 통지기간[63] 이내에 지급청

---

61) Michael Stern, "The Independence Rule in Standby Letters of Credit", *University of Chicago Law Review*, Vol.52, Winter 1985, p.223.

62) 따라서 보증신용장거래에서 수익자의 제시서류의 정당성은 오로지 수익자의 정직성 및 성실성에 의존할 수밖에 없다. Richard J. Driscol. "The Role of Standby Letters of Credit in International Commerce : Reflection after Iran", *Virginia Journal of International Lawyer*, Vol.20, 1980, p.470.

63) 이러한 통지기간은 수익자의 지급청구 이전에 발행의뢰인이 수익자의 지급청구에

구의 의사를 발행의뢰인에게 통지하여야 한다는 조건으로 지급청구서류에
는 통지행위의 이행을 입증할 수 있도록 사전통지서의 사본이 포함되어야
한다.[64] 이러한 조항을 통하여 수입업자는 수출업자의 지급청구의 정당성
여부를 지급청구 이전에 확인할 수 있게 되므로 부당한 지급청구에 대하여
지급금지명령의 신청 등의 대응방안을 강구할 수 있는 기회를 부여하는 효
과를 가진다.

5. 발행은행의 과도한 위험 부담

보증신용장거래에서 발행은행의 지급이행은 발행의뢰인이 근거계약에
따른 의무를 불이행하였다는 것을 의미하며, 이러한 경우 발행의뢰인은
발행은행에 대한 상환의무를 이행하지 못할 상태에 있을 가능성이 크
다.[65] 즉, 발행의뢰인이 충분한 경제적 능력을 가지고 있다면 근거계약
에 따른 의무를 이행하였을 것이고 수익자에 의한 지급청구는 발생하지
않을 것이므로 발행은행이 수익자에 대한 지급을 이행한 경우 발행의뢰
인은 발행은행에 대한 상환능력이 부족하며 상환 자체에도 부정적인 입
장을 보일 것이다.

따라서 보증신용장의 발행의뢰인은 상환능력이 부족하고 상환을 위한
열의도 가지고 있지 않으므로 보증신용장의 발행은행은 발행의뢰인의
상환에 대한 위험부담이 크다고 할 수 있다. 실제로 미국 샌디에고의 연
방은행 지점(United States National Bank of San Diego)이 약 미화 9

관한 조사를 수행하고 대응방안을 강구할 수 있을 정도의 기간이어야 하므로 지
급청구일 이전의 5일에서 10일 정도로 설정하는 것이 바람직하다.

64) Richard J. Driscol, op. cit., p.499.

65) Henry Harfield, "Guaranties, Standby Letters of Credit, and Ugly Ducklings",
Uniform Commercial Code Law Journal, Vol.26, 1994, p.201.

천만 달러에 달하는 다수의 보증신용장을 발행한 결과 계속되는 지급청
구로 인한 유동성 위기를 극복하지 못하고 1973년 10월 18일 파산한 사
례가 있었다.[66] 이러한 영향으로 미국의 은행들은 보증신용장의 발행을
대출과 동일하게 취급하고 있어[67] 보증신용장으로 인한 발행은행의 과
도한 위험부담을 단적으로 증명하고 있다.

또한 통상적인 보증신용장거래의 지급청구서류인 불이행진술서는 권
리증권이 아니며 금전적 가치도 가지지 않으므로[68] 서류의 매각을 통하
여 현금화할 수 없기 때문에 부당한 지급을 행한 발행은행은 지급된 신
용장대금에 해당하는 손실을 자신이 부담하여야 한다.[69] 따라서 서류를
통한 담보이익(security interest)을 가지지 못하는 발행은행은 수익자에
게 신용장대금을 지급한 이후 발행의뢰인과의 보증신용장발행약정에 따
른 발행의뢰인의 상환에 의존할 수밖에 없다. 이러한 보증신용장거래의
특성은 발행은행의 위험부담을 가중시키는 주요한 원인으로 작용하고
있다.

무역거래에서 보증신용장을 활용하는 경우, 이러한 발행은행의 위험을

---

66) Paul R. Verkuil, "Bank Solvency and Standby Letters of Credit: Lessons
from the USNB Failure", *Tulane Law Review*, Vol.53, 1979, p.315.

67) 대부분의 미국 은행들은 신용장발행에 따르는 채무액의 산정에 있어서 신용장을 금
융목적의 보증신용장, 계약의무이행을 위한 보증신용장 및 화환신용장으로 구분하여
각각의 신용장금액의 100%, 50% 및 20%에 해당하는 금액에 발행의뢰인의 신용도
를 곱한 금액을 은행의 채무액으로 평가하고 있어 금융목적의 보증신용장의 경
우 대출과 동일하게 평가하고 있음을 알 수 있다. Neal S. Millard & Brian W.
Semkow, "The New Risk-based Capital Framework and its Application to
Letters of Credit", *Banking Law Journal*, Vol.106, 1989, pp.509~514.

68) 역설적으로 지급청구서류의 이러한 특성으로 인하여 보증신용장은 화환신용
장보다 전자적 제시가 용이하여 전자상거래시대에 보다 적합한 지급수단이라
할 수 있다. James G. Barnes & James E. Byrne, "E-Commerce and
Letter of Credit Law and Practice", *The International Lawyer*, Vol.35,
2001, p.27.

69) Richard J. Driscol, *op. cit.*, p.469.

감소시키는 방안으로는 발행의뢰인에게 보증신용장의 발행에 따른 불확
정상환채무를 선급하도록 요구하는 것이 가장 안전한 방안이라 할 수
있으나 이는 발행의뢰인에게 지나친 부담을 초래할 수 있다. 발행의뢰인
과는 별도로 발행은행이 자체적으로 위험을 감소시킬 수 있는 방안으로
는 다른 은행에 보증신용장의 참여권(participations)을 매도하거나[70] 다
른 은행과 공동으로 보증신용장을 발행하거나[71] 또는 재보증신용장
(back-up standby credit)을 이용하는 방안 등이 있다.

이러한 방안 이외에 무역거래에서의 활용이라는 점을 감안하여 지급청
구서류로서 불이행진술서 이외에 추가적으로 선화증권(bills of lading:
B/L)과 같은 권리증권(document of title)을 제시할 것을 보증신용장조건
으로 삽입한다면 발행은행이 수출업자에게 지급한 신용장대금의 상환을
수입업자가 거절하는 경우 발행은행은 선화증권을 현금화하여 취득된 물
품의 매각대금으로 수익자에게 지급된 신용장대금을 보전할 수 있게 된다.

V. 결 언

1997년 우리나라의 외환위기를 기점으로 우리나라에서의 무역결제방
식의 활용도에는 많은 변화가 야기되고 있다. 이러한 변화는 수출거래에
서 보다 명확하게 보여지고 있는데, 그간의 수출거래에서 주종을 이루던
화환신용장의 활용도는 2003년의 경우 약 20% 초반 수준으로 상당히

---

70) 보증신용장통일규칙에서는 발행은행의 참여권의 매도에 관하여 규정하고 있
    으나 참여권의 매도가 가능하다는 기본적인 사항만을 규정하고 있을 뿐이며
    세부사항은 준거법에 일임하고 있다. ISP98 Rule 10.02.
71) 이러한 신용장을 소위 공동발행신용장(multibank standby credit)이라 한다.
    Stanley F. Farrar, "Multibank Credits", *Letters of Credit Law and Practice
    Course Handbook Series*, Practising Law Institute, 1988, pp.525~526.

감소한 반면에 40% 수준에 이르는 송금방식의 급격한 활용 증가에 기인하여 무신용장방식의 활용이 크게 증가되었다.

본고는 무역결제방식에 있어서의 이러한 변화 중에서 화환신용장의 이용 감소에 초점을 두고 그 원인과 문제점 그리고 이에 대한 대응방안으로서의 보증신용장의 활용가능성에 대하여 고찰하였다. 화환신용장의 이용감소는 외환위기에 따른 경제적 여건의 악화라는 특수한 경제적 상황에서 여러 요인들이 복합적으로 작용한 것으로 볼 수 있으나 그동안 화환신용장거래에서의 문제점으로 지적되어 온 서류작업에 따른 비효율성과 신용장관련수수료 부담의 증가 등이 그 주요원인으로 작용하였음은 분명하다. 화환신용장의 이용감소와 그에 따른 무신용장방식의 증가는 무역거래당사자에게 거래절차의 편의성과 거래비용의 감소라는 긍정적 측면이 있는 것은 사실이나 수출업자의 측면에서는 지급확약기능에 따른 대금회수불능위험의 제거라는 화환신용장의 이점이 결여됨으로 인하여 대금회수불능위험이 증가되며 이는 수출미수금의 증가라는 결과를 초래하고 있다. 또한 화환신용장의 이용감소는 이를 견질로 하는 무역금융기능의 위축을 초래하여 수출에 따른 경제적 부담을 가중시키고 있다.

화환신용장제도의 획기적인 발전이 없는 한 현재의 상황에서 무신용장방식의 무역거래는 감소되지 않고 지속될 것으로 보이므로 무신용장방식의 수출거래에서 대금회수불능위험을 감소시킬 수 있는 방안을 강구할 필요성이 있다. 이러한 방안의 하나로서 보증신용장을 활용하는 방안을 들 수 있다. 무역거래에서 보증신용장을 활용하는 경우 수출업자에게 지급보증기능을 제공하여 대금회수불능위험을 효과적으로 제거할 수 있으며, 무역금융을 통한 수출소요자금의 조달에도 보증신용장을 이용할 수 있다. 또한 보증신용장은 화환신용장에 비하여 거래절차에 있어서의 편의성으로 시간과 비용을 절감하는 효과를 가진다. 또한 보증신용장은 근거리무역에서 자주 발생하는 선화증권의 위기에 대한 해결책으로도 유용하다.

　결론적으로 이와 같은 이점을 가지는 보증신용장을 무역거래에서 적절하게 활용한다면 화환신용장의 이용이 감소되는 현재의 시점에서 수출업자에 대한 지급확약이라는 화환신용장의 중요한 기능을 유지하면서 보증신용장 특유의 이점으로 무역거래당사자의 국제무역결제상의 요구에 부응할 수 있는 화환신용장의 효과적인 대체수단이 될 수 있다.

참고문헌

강원진, "신용장서류심사를 위한 ICC 국제표준은행관행의 일반원칙에 관한 고찰", 「국제상학」 제18권 제3호, 2003. 9.

김희국, "신용장 방식 대금결제방법 선택요인에 관한 연구", 「국제상학」, 한국국제상학회 제15권 제2호, 2000. 12.

박석재, "스탠드바이 신용장 통일규칙(ISP98)의 주요 내용 및 효과에 관한 연구", 「국제상학」, 한국국제상학회 제17권 제3호, 2002.

박석재, "스탠드바이(Standby) 신용장의 활용상의 문제점에 관한 연구", 성균관대학교 박사학위논문, 1996.

이상훈, "보증신용장거래에서 발행은행의 지급이행에 관한 몇 가지 문제점", 「국제상학」, 한국국제상학회 제19권 제1호, 2004. 3.

이상훈, "보증신용장의 활용을 위한 법규적 접근", 「무역학회지」, 한국무역학회 제28권 제2호, 2003. 4.

조정곤, "무역결제방식의 변화추이와 신용위험회피전략", 「사회과학연구」, 한국사회과학회 제3권 제2호, 2004. 2.

한국무역협회, 「송금방식 수출급증의 원인과 대책」, 1999. 9.

허은숙, "IMF체제 이후 수출결제조건의 변화와 문제점: 신용장의 이용감소를 중심으로", 「사회과학논집」, 건양대학교 제3권, 1999. 12.

新堀聰, "スタンドバイ信用狀(2)", 「國際金融」 1077号, 2001. 12.

新堀聰, 「貿易取引の理論と實踐」, 三嶺書房1, 1993.

Anonymous, "Statistics: 1st Quarter 2001", *Documentary Credit World*, Vol.5, No.8, 2001. 9.

Arnold, Henry J. & Bransilver, Edward, "The Standby Letter of Credit-The Controversy Continues", *Uniform Commercial Code Law Journal*, Vol.10, 1978.

Barnes, James G. & Byrne, James E., "E-Commerce and Letter of Credit Law and Practice", *The International Lawyer*, Vol.35, 2001.

Byrne, James E., "Why the ISP Should be Used for Standbys", *The 2001*

Annual Survey of Letter of Credit Law & Practice, 2001.

Byrne, James E., *The Official Commentary on the International Stand-by Practices*, Institute of International Banking Law and Practice, Inc., 1998.

Christopher, James, "The Use of Loan Sales and Standby Letters of Credit by Commercial Banks", *Journal of Monetary Economics*, Vol.22, 1988.

Dolan, John F., "Analyzing Bank Drafted Standby Letter of Credit Rules, the International Standby Practices (ISP98)", *Wayne Law Review*, Vol.45, 2000.

Dolan, John F., *The Law of Letters of Credit*, Warren, Gorham & Lamont, 1996.

Driscol. Richard J., "The Role of Standby Letters of Credit in International Commerce : Reflection after Iran", *Virginia Journal of International Lawyer*, Vol.20, 1980.

Farrar, Stanley F., "Multibank Credits", *Letters of Credit Law and Practice Course Handbook Series*, Practising Law Institute, 1988.

Harfield, Henry, "Guaranties, Standby Letters of Credit, and Ugly Ducklings", *Uniform Commercial Code Law Journal*, Vol.26, 1994.

Kozolchyk, Boris, "The Emerging Law of Standby Letter of Credit and Bank Guarantees", *Arizona Law Review*, Vol.24, 1982.

Kozolchyk, Boris, "The Financial Standby : A Summary Description of Practice and Related Legal Problems", *Uniform Commercial Code Law Journal*, Vol.28, No.4, Spring 1996.

Laryea, Emmanuel T., "Payment for Paperless Trade: Are There Viable Alternatives to the Documentary Credit?", *Law and Policy in International Business*, Vol.33, Fall, 2001.

Mann, Ronald J., "The Role of Letters of Credit in Payment Transactions", *Michigan Law Review*, Vol.98, 2000.

Millard, Neal S. & Brian W. Semkow, Brian W., "The New Risk-based

Capital Framework and its Application to Letters of Credit", *Banking Law Journal*, Vol.106, 1989.

Moses, Margaret L., "The Irony of International Letters of Credit : They aren't secure, but they (usually) work", *Banking Law Journal*, June 2003.

Pawlowic, Dean, "Standby Letters of Credit: Review and Update", Uniform Commercial Code Law Journal, Vol. 23, No. 4, 1991.

Pearlman, Stephen J., "Types of Nontrade Letter of Credit Used in Today's Marketplace", A Practical Guide to Letters of Credit, Executive Enterprise Publications Co., Inc., 1990.

Rendall, Robert S., "Letter of Credit and Guarantees as Security", *Real Estate Law and Practice Course Handbook Series*, Practising Law Institute, 2003.

Ryan, Read H., "Letters of Credit Supporting Debt for Borrowed Money: The Standby as Backup", *Banking Law Journal*, Vol.100, 1983.

SITPRO, *Report on the Use of Export Letters of Credit 2001/2002*, 2003.

Stern, Michael, "The Independence Rule in Standby Letters of Credit", *University of Chicago Law Review*, Vol.52, Winter 1985.

Wunnicke, Brooke & Wunnicke, Diane B., *Standby Letters of Credit*, John Wiley & Sons, Inc. 1989.

Xiang, Gao & Burkley, Ross P., "The Unique Jurisprudence of Letters of Credit : Its Origin and Sources", *San Diego International Law Journal*, Vol.4, 2003.

제2장 보증신용장 관련법규의 주요내용

I. 서 언

국제거래에서 주요한 지급수단으로 사용되고 있는 신용장은 그 기본적 특성에 따라 상업신용장(commercial letter of credit)과 보증신용장 (standby letter of credit)으로 대별할 수 있다. 화환신용장으로 대표되는 상업신용장과 보증신용장은 전자가 수익자의 이행을 전제로 하고 있음에 비하여 후자는 발행의뢰인의 불이행을 전제로 하고 있다는 점에서 근본적으로 다르다.[1] 보증신용장은 제2차 세계대전 이후 미국에서 보증서를 대체하는 수단으로 사용되기 시작하여 현재 다양한 국제거래에서 계약의무의 이행 또는 채무를 보증하는 기능을 수행하면서 사용이 점차 증가되고 있다. 특히 미국의 경우 보증신용장은 발행건수 및 발행금액의 규모 등에서 화환신용장을 크게 압도하고 있다.[2] 또한 보증신용장은 매수인이 대금 지급을 불이행하는 경우 발행은행이 매도인에게 대금을 지급하는 방식으로 무역거래에서의 활용도 점차 증가되고 있다. 따라서 미국에서의 보증신용장의 지속적인 증가추세 및 보증신용장의 기능적 확대 등의 사실을

---

1) Diane B. Wunnicke, *Standby Letters of Credit*, Wiley Law Publications, 1989, pp.22~23.

2) 자료에 의하면 2001년 1/4분기 미국의 300대 상업은행들의 보증신용장발행금액은 미화 2,467억달러로 이는 동기간의 총신용장발행금액(미화 2,700억달러)의 약 91%에 달하고 있다. 또한 이는 보증신용장의 사용초기인 1973년의 경우 미국의 주요상업은행이 1년동안 발행한 보증신용장금액이 약 미화 60억달러였다는 사실과 비교하여 보증신용장의 비중이 급속히 증가하고 있음을 보여주고 있다: Anonymous, "Statistics: 1st Quarter 2001", *Documentary Credit World*, Vol.5, No.8, 2001. 9, pp.33~38; Dean Pawlowic, "Standby Letters of Credit: Review and Update", *Uniform Commercial Code Law Journal*, Vol.23, No.4, 1991, p.418.

감안하여 볼 때 향후 국제적으로 보증신용장의 성장가능성은 매우 높다 할 것이다.

본고는 향후 한국에서의 보증신용장의 활용 증대에 대비하여 보증신용장에 관한 국제법규의 현황과 주요내용을 검토하여 보증신용장에 대한 이해를 제고하고 관련분쟁의 예방 및 해결에 일조하고자 한다.

이를 위하여 본고에서는 보증신용장을 규율하기 위하여 제정된 국제법규라 할 수 있는 국제상업회의소(International Chamber of Commerce; ICC)에서 제정하여 1999년 1월부터 시행되고 있는 "보증신용장통일규칙"(Inter- national Standby Practices; ISP98)과 유엔국제상거래법위원회(United Nations Commission on International Trade Law; UNCITRAL)의 주도하에 1995년 12월 유엔총회에서 채택되어 2000년 1월 1일에 발효된 "독립적 보증과 보증신용장에 관한 유엔협약"(United Nations Convention on In- dependent Guarantees and Stand-by Letters of Credit; 이하 유엔협약)으로 연구범위를 제한하여 양자의 주요 내용을 중심으로 검토하고자 한다.

Ⅱ. 보증신용장 관련법규 현황

1. 보증신용장에 적용가능한 관련법규

국제적으로 보증신용장 또는 유사한 형태의 보증이 널리 이용되면서 이를 규율하기 위한 통일법규를 제정하고자 하는 시도가 계속되고 있다. 이러한 시도의 결과 제정된 법규들은 보증신용장을 직접적으로 규율하기 위한 목적에서 제정된 법규[3]와 법규의 내용적 측면에서 보증신용장에 적용될 수 있는 규정을 포함하고 있어 간접적으로 보증신용장에 적용될 수 있는 법규4)로 분류할 수 있다.

1) 계약보증에 관한 통일규칙

국제적 보증의 사용이 계속적으로 증가되면서 이를 규율할 법규에 대한 필요성이 제기되었고, 이에 국제상업회의소는 12년간의 작업을 통하여 1978년 "계약보증에 관한 통일규칙"(Uniform Rules for Contract Guarantees: URCG)5)을 제정하기에 이르렀다.

URCG는 그 적용범위에 있어서 보증신용장이라는 용어를 명시하고 있지는 않으나 "본 규칙은 그 명칭이나 표기에 관계없이 국제상업회의소의 입찰보증, 이행보증, 선수급환급보증에 관한 통일규칙에 따른다고 기재된 모든 보증서, 금전채무증서, 보상장, 보증 또는 이와 유사한 약정에 적용된다"6)라고 규정함으로써 보증신용장에 적용될 수 있는 가능성을 열어두고 있다. 반면에 URCG는 지급청구를 위한 서류의 제출과 관련하여 보증에서 청구를 위하여 제출되어야 하는 증거서류를 명시하지 않거나 수익자에 의한 청구진술서만을 증거서류로 명시하는 경우 청구진술서 이외에 청구의 정당성을 입증하는 법원판결 또는 중재판정, 또는 주채무자에 의한 서면의 승인을 제출하여야 지급이 이행되도록 규정하여 수익자에 의한 지급청구시 제출되어야 할 증거서류의 요건을 엄격히 정하고 있다.7) 이러한 규정에 의하면 URCG는 수익자에 의한 단순한 지급청구만으로 지급이 이루어질

---

3) 보증신용장통일규칙, 독립적 보증과 보증신용장에 관한 유엔협약이 이에 해당한다.
4) 신용장통일규칙, 계약보증에 관한 통일규칙, 요구불보증에 관한 통일규칙이 이에 해당한다.
5) ICC Publication No.325 (1978).
6) URCG Article 1(1).
7) URCG, Article 9.

것을 약정하고 있는 요구불보증에는 적용될 수 없다.[8] 또한 많은 보증신용장이 채무자의 불이행진술서에 의하여 지급이 이루어질 것을 조건으로 발행되고 있는 현실을 고려한다면 실질적으로 보증신용장은 URCG의 적용대상에서 제외된다.

URCG의 적용상의 한계성은 국제적 보증의 신뢰성을 제고하고자 하는 제정목적에는 부합하나 현실적으로 사용되고 있는 대부분의 국제적 보증이 증거서류의 제출 없이 수익자의 청구진술서만으로 지급이 이루어지는 무조건부 보증의 형태로 사용되고 있으므로 실익이 없다는 비판을 받고 있다.[9] 또한 URCG는 실제로 이러한 이유로 인하여 국제적으로 범용되지 못하고 있다.

2) 요구불보증에 관한 통일규칙

"요구불보증에 관한 통일규칙"(Uniform Rules for Demand Guarantees: URDG)[10]의 제정은 URCG가 그 자체의 한계성으로 인하여 관련업계에서 국제적인 승인을 얻지 못한 데에서 비롯되었다.[11] URCG의 실패를 만회하기 위하여 ICC는 UCP의 성공에 주도적인 역할을 한 은행기술실무위원회(Commission on Banking Technique and Practice)를 주축으로 공동작업반을 구성하여 1992년 URDG를 제정하기에 이르렀다.[12]

---

8) 이는 수익자에 의한 사기적 청구 및 권리의 남용을 제한함으로써 국제적 보증에 있어서 정당한 관행을 정착시키고자 하는 URCG의 제정목적에 따라서 권리의 남용가능성이 큰 요구불보증의 형태를 적용대상에서 제외시킨 것으로 볼 수 있다. Roy Goode, *Guide to the ICC Uniform Rules for Demand Guarantees*, ICC Publishing S.A., 1992, pp.6~7.

9) Boris Kozolchyk, "The Emerging Law of Standby Letter of Credit and Bank Guarantees", *Arizona Law Review*, Vol.24, 1982, pp.345~346.

10) ICC Publication No.458 (1992).

11) Roy Goode, *op. cit.*, p.24.

12) URDG의 제정을 위한 초안작업당시의 난제는 국제적 보증거래에서 채무자

URDG는 그 적용범위에 있어서 준거문언이 삽입된 요구불보증과 그 변경에만 적용된다고 규정하여 보증신용장을 적용대상으로 명시하지는 않고 있다.13) 그러나 요구불보증의 정의에 관한 규정에서 요구불보증이 란 명칭이나 표기에 관계없이 서면의 지급청구 및 다른 서류의 제시에 대하여 지급이 이루어지는 보증 또는 다른 지급약정을 의미한다고 규정14)하여 채무자의 불이행진술서의 제시에 대하여 지급이 이루어지는 대부분의 보증신용장이 URDG의 적용대상에 포함될 수 있다.

이와 같이 보증신용장에 따른 지급의 본질적인 측면이 URDG의 정의규정에 부합하며, 화환신용장을 규율하기 위한 목적의 UCP에서 규정하고 있지 않은 보증에 관련된 규정이 URDG에 존재하므로 흔히 보증신용장의 준거법으로서 채택되고 있던 UCP보다는 URDG가 보증신용장에 더욱 적합한 것으로 생각될 수도 있다. 그러나 다음과 같은 근거에서 UCP와 비교하여 URDG는 보증신용장의 준거법으로 적합하지 않다.15) 첫째, URDG의 서문에 나와 있듯이 보증신용장은 일반적인 요구불보증보다는 광범위한 분야에서 다양한 용도로 이용될 수 있다. 둘째, 규정의 내용적인 측면에서 URDG보다는 UCP가 보다 상세하고 구체적으로 규정하고 있다.16) 셋째, 보증신용장의 실무를 담당하는 은행의 조직적인 측면에서 실제로 보증신용

(account party)측이라 할 수 있는 은행, 수출업사 및 선진국과 전형적인 수익자(beneficiary)측이라 할 수 있는 수입업자 및 개발도상국간의 상충되는 이해관계를 조화시키는 일이었으며, 이는 URDG의 초안완성을 지연시키는 주요한 원인으로 작용하였다: R.I.V.F. Bertrams, *Bank Guarantees in International Trade*, ICC Publishing S.A., 1996, p.22.

13) URDG Article 1.

14) URDG Article 2(a).

15) R.I.V.F. Bertrams, *op. cit.*, p. 26: Roy Goode, *op. cit.*, p. 16.

16) URDG는 1992년 제정 시 총 6개 장 28개 조항으로 구성되어 있으며, UCP는 1984년 제4차 개정의 경우 총 6개 장 55개 조항으로, 1993년 제5차 개정의 경우 총 6개 장 49개 조항으로 각각 구성되어 있다.

장은 UCP를 준거법으로 하는 화환신용장을 다루는 부서에 의하여 취급되
며 실무절차에서도 많은 유사성을 가진다. URDG는 요구불보증 분야에 있
어서 국제적으로 광범위한 인정을 받지 못하고 제한적으로 사용되고 있다.
이는 실제의 보증거래에서 사용되고 있는 기존의 표준보증서 및 그 조항들
이 URDG의 규정과 상충될 수 있다는 점을 이유로 은행업계에서 URDG의
적용을 기피하는 경향을 보이고 있으며,[17] 요구불보증에서 주요한 문제점
이었던 서류의 위조와 같은 수익자에 의한 사기적 청구에 관한 규정이 결
여되어 있다는 점 등에 주로 기인하고 있다.

3) 신용장통일규칙

신용장통일규칙은 그 정식명칭인 "화환신용장에 관한 통일규칙 및
관례"(Uniform Customs and Practice for Documentary Credit: UCP)
에서 알 수 있듯이 화환신용장을 적용대상으로 ICC에 의하여 제정된 통
일규칙이다. 따라서 1974년 제3차 개정까지 보증신용장은 적용대상으로
명시되어 있지 않았으나 그 당시 보증신용장에 관한 준거법의 역할을
수행할 명확한 법규가 존재하지 않고 보증신용장이 신용장이라는 명칭
을 사용하고 있으며 화환신용장과 유사한 절차에 따른다는 점 등을 이
유로 관행적으로 UCP를 보증신용장에 적용시키는 경우가 많았다. 이와
관련하여 1977년 ICC는 보증신용장이 UCP의 적용을 받을 수 있다는 결
정[18]을 내렸으며, 1984년 제4차 개정에서 보증신용장이 UCP의 적용대
상에 포함된다고 명시하였으며 이러한 규정은 1993년 제5차 개정[19]에서
도 변경되지 않았다.[20]

---

17) 한국의 경우 1995년 7월 전국은행엽합회에서 URDG를 채택하였다.

18) ICC, *Decisions of the ICC Banking Commision* (1975 ~ 1979), ICC Publihing
S.A., 1980, p.11.

19) ICC Publication No.500 (1993).

UCP에서는 그 적용범위와 관련하여 "본 규칙은 신용장문언에 삽입되어 있는 경우 적용가능한 범위 내에서 보증신용장을 포함하여 모든 화환신용장에 적용된다"[21]라고 규정하고 있다. 여기에서 "보증신용장에 적용가능한 범위"의 해석이 문제가 되는데 ICC에서는 보증신용장의 특성상 운송서류를 포함한 서류관련조항은 적용되지 않을 것이며,[22] 적용가능한 조항과 적용불가능한 조항에 대한 구체적인 기준은 개별 보증신용장에 따라 달라질 수 있는 사실상의 문제이므로 설정하기 어렵다는 의견을 표명하고 있다.[23] 따라서 보증신용장에 대한 UCP의 적용은 불확실성과 가변성을 내포하고 있어 분쟁발생 시 명확한 해석기준으로서의 기능을 수행하기 어렵다.[24]

4) 독립적 보증과 보증신용장에 관한 유엔협약

UNCITRAL은 화환신용장과 보증에 관한 ICC의 활동에 많은 관심을 보여왔으며 UCP의 개정과 같은 일부 분야에서는 ICC와 공동작업을 수행하기도 하였다. 이러한 작업의 일환으로 UNCITRAL은 1974년 UCP의 제3차 개정이 이루어지자 그 사용을 권고하기도 하였다. 그 후 1978년 URCG의 제정을 거쳐[25] 1988년 제21차 UNCITRAL 회의에서 보증 및 보증신용장

---

20) ICC에서는 보증신용장의 경우 URDG보다는 UCP의 적용을 받는 것이 바람직하다는 입장을 취하고 있었으므로 1992년 URDG가 제정되었음에도 불구하고 1993년 UCP 제5차 개정에서 계속적으로 보증신용장을 적용범위에 포함시키고 있다. ICC, *UCP 500 & 400 Compared*, ICC Publishing S.A., 1993, pp.2~3.

21) UCP 1993, Article 1.

22) ICC, *Document No.470-37/104*, September 18, 1992, Article 1 Comments.

23) ICC, *More Case Studies on Documentary Credits*, ICC Publihing S.A., 1991, Case 168, p.14.

24) 박석재, "독립적 보증서 및 스탠드바이 신용장에 관한 연구", 「무역상무연구」, 한국무역상무학회 제11권, 1998. 2, 373면.

에 관한 성문법의 제정 필요성이 제기되었고, 1989년 제정작업이 진행 중이었던 URDG와의 상충을 피하기 위하여 URDG에 규정되지 않은 사항을 중심으로 작업을 진행하기로 결정하였으며 이후 6여 년의 작업과정을 거쳐 1995년 12월 유엔총회에서 "독립적 보증과 보증신용장에 관한 유엔협약"(United Nations Convention on Independent Guarantees and Stand-by Letters of Credit)이 채택되었다.[26]

유엔협약이 제정된 이후 1999년 6월 21일 ICC의 은행기술실무위원회는 유엔협약을 정식으로 승인하였다. ICC는 유엔협약이 ISP98과 같은 국제은행관행과는 다르다는 점을 강조하고, 유엔협약이 당사자 자치를 최대한 보장하고 부당한 청구에 대한 법적 기준을 설정하여 독립적 지급약정에 대한 기본적인 법적 원칙을 제공하였음을 높이 평가하고 있다.[27]

유엔협약은 5개국 이상의 비준서 등이 기탁된 날로부터 1년이 경과된 후 다음 달의 1일부터 발효되는 것으로 규정하고 있으며, 1998년 12월 8

---

25) UCP와는 달리 URCG의 경우 ICC는 UNCITRAL에 그 이용을 위한 권고를 요청하지 않았으며 UNCITRAL도 URCG를 권고하려는 시도를 하지 않았다. 이는 URCG가 요구불보증을 인정하지 않고 있어 ICC가 승인을 위하여 URCG를 UNCITRAL에 제출할 경우 그 승인이 거절될 가능성이 존재하였기 때문이다. Eric E. Bergsten, "A New Regime for International Independent Guarantees and Stand-by Letters of Credit: The UNCITRAL Draft Convention on Guaranty Letters", *The International Lawyer*, Vol.27, 1993, pp.860~861.

26) 독립적 보증이란 일반적인 보증과 달리 주채무의 존재를 전제로 하지 않으며 주채무에 대한 부종성, 종속성이 없는 보증을 말한다. 독립적 보증과 보증신용장은 은행 등의 금융기관에 의하여 발행되는 근거계약으로부터 독립된 지급약정으로서 지급을 위한 담보기능을 수행한다는 기능적 측면에서는 동일하나, 전자는 보증서의 형태를 취하며 후자는 신용장의 형태를 취한다는 실질적 이용상의 차이점을 가진다. R.I.V.F. Bertrams, op. cit., pp.1~6; Roy Goode, "Abstract Payment Undertaking and the Rules of the International Chamber of Commerce", *Saint Louis University Law Journal*, Vol.39, 1995, pp.730~731.

27) http://www.iccwbo.org/home/statements__rules/statements/1999/un__letters__of__credit__and__independant__guarantees__endorsement.asp.

일 튀니지(Tunisia)가 다섯 번째로 비준서를 기탁하여 2000년 1월 1일부로 체약국에 대하여 효력을 발생하게 되었다.[28]

5) 보증신용장통일규칙

독립적 보증과 보증신용장에 관한 유엔협약의 제정작업이 진행되는 동안 국제상업회의소 내에서 유엔협약과는 별개의 보증신용장에 관한 규칙 제정의 필요성이 제기되었다.[29] 이러한 주장은 첫째 보증신용장 관행과 독립적 보증 관행 간의 혼란으로 인하여 보증신용장의 잠재적 사용이 악영향을 받을 수 있고, 둘째 보증신용장을 이용하지 않는 일부 국가에서 보증신용장 관행에 관한 이해가 부족하고, 셋째 신용장통일규칙에는 보증신용장에 관한 주요한 내용들이 반영되어 있지 않다는 점 등에 근거하고 있다.

실제로 보증신용장의 사용비중이 높은 미국의 신용장 관련업계에서는 UCP의 개정과 관련하여 보증신용장관행과 보다 조화를 이루는 방향으로 개정할 것을 ICC에 요청하였으나 이러한 요청은 UCP의 개정에서 반영되지 않았다. 또한 제정작업이 진행 중인 유엔협약의 자국 내 보증신용장거래에의 적용에 대한 우려가 제기되면서 독자적인 규칙의 필요성을 인식한 미국 국무부(U.S. Department of State)의 요청에 의하여 은행법 및 실무 연구소(Institute for Banking Law and Practice)가 주축이 되어 유엔협약과 국내법과의 조화를 목표로 초안작업을 수행하였다. 1997년 초안이 완성된 후 ICC는 임시위원회를 구성하여 초안의 수정작업에 참여하였고 1998년 "보증신용장통일규칙"(International Standby Practices: ISP98)[30]을 채

---

28) 2003년 2월 현재 유엔협약을 비준한 국가는 Belarus, Ecuador, El Salvador, Kuwait, Panama, Tunisia 등 총 6개국이며, 미국의 경우 1997년 12월 11일 본 협약에 서명하였으나 비준서를 기탁하지는 않았다.

29) James E. Byrne, *op. cit.*, Introduction ⅹⅵ.

30) ICC Publication No.590 (1998).

택하여 1999년 1월 1일부로 발효되었다.[31]

한편 2000년 제33차 회기에서 UNCITRAL은 ICC로부터의 ISP98에 대한 승인 요청을 논의하였다. 승인을 위한 논의과정에서 일부 국가가 독립적 보증으로서의 보증신용장의 기능 등에 관하여 ISP98과 국내법이 상충될 가능성이 있다는 우려를 표명하기도 하였으나 UNICTRAL은 ISP98이 국제무역의 발전에 기여할 것이라고 강조하고 국제무역과 금융거래에서의 사용을 권고하였다.[32]

2. 관련법규 간의 적용관계

보증신용장을 직접적으로 규율하기 위한 목적의 유엔협약과 ISP98이 발효 중인 현시점에서 양자의 법규를 제외한 다른 법규를 준거법으로 선택한다는 것은 바람직하지 않을 것이다. 왜냐하면 UCP와 같은 다른 법규들의 경우 보증신용장을 규율하기 위하여 제정된 것이 아니므로 보증신용장에 적합하도록 제정된 법규에 비하여 보증신용장에 부적절한 규정을 포함하고 있어 법적 해석기준으로서의 효용가치가 적을 것이기 때문이다.[33]

한편 준거법으로서의 적용에 있어서 유엔협약과 ISP98은 명확하게 구

---

31) 보증신용장에 관한 규칙의 제정작업은 애초에 ICC 차원이 아닌 미국 내의 보증신용장 시장을 규율하기 위한 규칙 제정을 목표로 미국에 의하여 시작되었다. 이후 ISP98은 미국의 은행위원회(U.S. Council on International Banking: UNCIB)에 의하여 채택된 후 ICC의 승인을 받아 현재의 ISP98이 탄생되었다. Dr. Filip De Ly, "The UN Convention on Independent Guarantees and Stand-by Letters of Credit", *The International Lawyer*, Vol.33, 1999, pp.838.

32) UNCITRAL, *Report of the United Nations Commission on International Trade Law on the work of its thirty-third session*, A/55/17, New York, 12 June - 7 July 2000, pp.102~103.

33) John F. Dolan, *op. cit.*, pp.1899~1901.

별된다. 유엔협약의 경우 기본적으로 강행법규에 해당함으로써 정해진
적용요건에 해당하는 경우 당사자의 의사나 그에 따른 준거문언의 삽입
여부에 관계없이 준거법으로서의 효력을 가지게 된다. 그러나 민간기구
에 의하여 제정된 ISP98은 임의법규의 성질을 가지고 있어서 당사자들
의 선택과 그에 따른 준거문언의 삽입에 의하여 준거법으로서의 적용여
부가 결정될 것이다.

유엔협약은 그 적용에 있어서 보증신용장의 발행은행[34]의 영업지가
체약국 내에 있거나 섭외사법의 원칙에 따라 체약국의 법률의 적용을
받는 경우 적용된다고 규정하고 있으며(Article 1(2))[35], 유엔협약의 적
용에 대한 명시적인 배제조항이 삽입되는 경우를 적용의 예외규정
(Article 1(1))으로 두고 있다.[36] 반면에 ISP98은 당사자들이 보증신용
장에 준거문언을 명시하는 경우에만 준거법으로서 적용되며, 당사자들은
특약을 통하여 ISP98의 내용을 필요에 따라 임의적으로 변경하거나 특
정 부분의 적용을 배제할 수도 있다(Rule 1.01).

따라서 유엔협약의 경우 그 적용요건에 해당한다면 준거문언의 존재
유무에 관계없이 적용대상이 되며, 적용을 받지 않기 위해서는 배제조항
을 명시적으로 규정하여야 한다. 이에 비하여 ISP98의 경우 명시적인
준거문언의 삽입에 의해서만 적용되며, 적용요건에 해당한다 하여도 준
거문언이 삽입되어 있지 않을 경우 자동적으로 적용되지는 않는다.

---

34) 유엔협약에서는 "guarantor/issuer"라는 표현을 사용하고 있다. 이는 독립적 보
    증과 보증신용장에서 사용하는 용어에 차이가 있기 때문이다. UN Convention
    Article 2(1) 참조.
35) 유엔협약은 협약에 따른다는 명시규정이 있는 경우 제2조(약정)에 포함되지 않는
    국제적 신용장에도 적용된다고 규정하고 있으므로 준거문언이 있는 경우 상업신
    용장에도 적용이 가능하다고 추정할 수 있다.
36) 이는 유엔협약이 당사자 자치의 원칙을 최대한 인정하고 있음을 보여주고 있
    다. http://www.uncitral.org/english/ texts/payments/guarant.htm 참조.

Ⅲ. 보증신용장 관련법규의 주요내용

이하에서는 보증신용장 관련법규의 양대 축을 이루는 ISP98과 유엔협약의 주요내용을 검토하였다.

법규의 전반적인 구성의 측면에서 ISP98은 총 10개 규칙과 89개 세부규칙으로 구성되어 있으며,[37] 유엔협약은 총 7개 장의 27개 조항으로 구성되어 있어 비교적 간단한 규정으로 이루어져 있다. ISP98과 유엔협약의 장별 표제는 이하의 표와 같다.

ISP98	유엔협약
1. 총칙 (General Provisions) 2. 의무 (Obligations) 3. 제시 (Presentation) 4. 서류심사 (Examination) 5. 통지, 권리상실 및 서류의 처분 (Notice, Preclusion, and Disposition of Documents) 6. 양도, 대금양도 및 법의 적용에 의한 양도 (Transfer, Assignment, and Transfer by Operation of Law) 7. 취소 (Cancellation) 8. 상환의무 (Reimbursement Obligations) 9. 기간 (Timing) 10. 공동발행/지분참여 (Syndication/Participation)	1. 적용범위 (Scope of Application) 2. 해석 (Interpretation) 3. 약정의 형식과 내용 (Form and Content of Undertaking) 4. 권리, 의무와 항변 (Rights, Obligation and Defences) 5. 잠정적 법원조치 (Provisional Court Measures) 6. 법의 충돌 (Conflict of Laws) 7. 최종 규정 (Final Clauses)

1. ISP98의 주요내용

1) 총 칙

적용범위에 있어서 ISP98은 명칭이나 표현에 관계없이 국내외의 사용

---

37) ISP98의 경우 일반적으로 조항을 의미하는 용어인 "article" 대신에 "rule"이 라는 용어를 사용하고 있다.

을 불문하고 준거문언이 명시된 모든 보증신용장에 적용된다(Rule
1.01). 또한 ISP98은 준거법과 상충되지 않는 범위 내에서 이를 보충하
며, 동시에 준거하는 다른 규칙이 있을 경우 우선 적용된다(Rule 1.02).
예를 들어, ISP98과 UCP 모두에 준거하는 신용장이 발행되는 경우 그
신용장이 약정의 내용상 화환신용장이 아닌 보증신용장에 해당한다면
UCP와 상충되는 어떠한 조항에 대해서도 ISP98이 우선적으로 적용된
다.38)

다음으로 해석원칙에 있어서 보증신용장의 완전성, 거래관행, 은행업
무와의 일관성 및 국제적 통일성 등을 고려하여 상관습(mercantile
usage)으로서 해석되어야 함을 규정하고 있다(Rule 1.03). 또한 적용 가
능한 표준관행을 고려하여 해석할 것을 추가적으로 규정하고 있다(Rule
1.11.a). 이는 협약의 국제성, 적용에서의 통일성의 증진 및 보증신용장
에 관한 국제관행에서의 신의성실의 준수를 고려하여 해석하여야 한다
는 유엔협약의 규정(Article 5)과 일맥상통하고 있다.39)

2) 의 무

보증신용장의 조건변경과 관련하여 금액의 증감 또는 유효기일의 연
장 등에 관하여 "자동변경"(automatic amendment)을 명시한 경우 통지
나 동의 없이 변경이 가능함을 규정하고 있다(Rule 2.06.a).40) 이는

---

38) James E. Byrne, *op. cit.*, pp.9~10.
39) 유엔협약의 해석원칙은 국제물품매매에 관한 유엔협약 및 해상물품운송에 관
한 유엔협약을 참고한 것이다: 김선국, "독립적 보증과 보증신용장에 관한
UN협약",「비교사법」, 한국비교사법학회, 제4권 제4호, 1996, 105면.
40) ISP98에는 자동변경에 대한 명시규정이 없더라도 묵시적으로 동의없이 자동
변경이 허용되는 예외적인 경우를 규정하고 있다. ① 발행은행 또는 확인은
행이 인수합병된 경우 그 명칭에 대한 변경(Rule 4.14), ② 지급 또는 연장에
대한 선택적 청구에서의 유효기일의 연장(Rule 3.09), ③ 제시최종일에 제시
장소가 휴무인 경우 제시장소의 변경(Rule 3.14.b).

UCP 및 유엔협약에는 규정되어 있지 않은 독특한 규정으로 변경절차의 이행 없이 자동적으로 변경됨을 의미한다. 자동변경 이외의 변경에는 당사자의 동의가 필요하며, 그러한 변경의 효력발생시점은 동의시점이 되며, 변경에 대한 일부동의는 전체변경을 거절하는 것으로 규정하고 있는데(Rule 2.06.b.c.d) 이는 유엔협약의 규정(Article 8(2), (3)) 및 UCP의 규정(Article 9(d)(ⅱ))과 대체로 유사하다.

3) 제 시

서류제시에 있어서 보증신용장에서 요구하는 서류 중의 일부만이 제시된 경우에도 발행은행은 신용장조건과의 일치성을 위한 심사를 요하는 제시를 구성한다고 규정하고 있다(Rule 3.02). 이는 일부의 서류가 결여되어 신용장조건과 불일치되는 서류에 대하여 일치성을 심사하도록 요구하는 모순된 규정으로서 발행은행이 잔여의 서류가 제시될 때까지 서류를 심사하지 않거나 불일치를 통지하지 않을 경우 거절통지기간의 경과로 인하여 대금지급을 거절할 수 없게 되는 불합리한 결과를 야기할 수 있다(Rule 5.01 참조). 단, 수익자가 발행은행에 대하여 잔여서류를 제시할 때까지 서류를 보관하여 줄 것을 요청하고 발행은행이 이러한 요청을 받아들인 경우에는 발행은행은 서류심사와 통지에 관한 일체의 의무를 부담하지 않는다.[41]

서류제시장소에 관하여 보증신용장에서 지정된 장소에 제시하여야 하며, 지정장소가 명시되지 않은 경우 발행은행의 영업지가 제시장소가 되며, 확인신용장이 있을 경우 확인은행 또는 발행은행의 영업지가 제시장소가 된다(Rule 3.04). 이러한 규정은 서류제시장소를 지정할 것만을 규정하고 지정되지 않은 경우에 대해서는 언급이 없는 UCP의 규정

---

41) James E. Byrne, *op. cit.*, pp.93~94.

(Article 42)이나 달리 정하지 않는 한 서류제시장소는 발행지로 한다는 유엔협약의 규정(Article 15)에 비하여 상당히 구체적이라 할 수 있다.

서류제시방식에 관하여 보증신용장에서 지정된 방식이 있을 경우 그에 따라야 한다. 따라서 전자적 제시를 지정하고 있는 경우 인증가능한 전자기록을 제시하여야 하며, 이러한 지정방식이 없을 경우 종이서류를 제시할 것을 규정하고 있다(Rule 3.06). 이러한 규정과 전자적 제시에 대한 정의규정(Rule 1.09.c) 등으로 유추하여 ISP98에서는 전자적 제시를 장려하고 있는 것으로 보이며, 실제로 보증신용장은 화환신용장에 비하여 전자적 제시에 적합한 성격을 가지고 있다.[42]

보증신용장에서 할부지급을 위한 일련의 제시를 정하고 있는 경우 서류제시의 가분성을 인정하여 한 번의 제시에 실패하더라도 이를 제시기간 이내에 재제시할 수 있으며, 이러한 제시의 실패는 다음 회의 제시에 영향을 미치지 않는 것으로 규정하고 있다(Rule 3.07). 이는 관행으로 인정되어 온 유효기일 내의 서류보완권을 명시적으로 규정한 것이며, 하나의 할부분이 제시되지 않는 경우 당해 할부분뿐만 아니라 이후의 모든 할부분까지 무효가 된다는 UCP의 규정(Article 41)과는 큰 차이를 보이고 있다.

서류제시기간에 관하여 제시를 위한 최종일이 휴무일인 경우에는 그 다음 날로 연장된다고 규정하고 있으며(Rule 3.13), 이는 유엔협약(Article 12(a))과 UCP(Article 44)에서도 유사한 규정을 두고 있다. 주목하여야 할 규정은 제시를 위한 최종일이 영업일임에도 불구하고 이유

---

42) 보증신용장의 요구서류는 운송서류를 포함한 화환신용장의 요구서류에 비하여 간단하고 금전적 가치가 적은 서류이기 때문에 보증신용장은 화환신용장보다 전자적 제시가 용이하여 전자상거래시대에 적합한 지급수단이라 할 수 있다. James G. Barnes & James E. Byrne, "E-Commerce and Letter of Credit Law and Practice", *The International Lawyer*, Vol.35, 2001, p.27.

를 불문하고 제시장소가 폐쇄되어 적기에 제시를 행하지 못하는 경우 제시장소가 영업을 재개하는 날로부터 달력일자로 30일 이후로 서류제시기간이 자동 연장된다는 규정이다(Rule 3.14.a). 이는 불가항력으로 인한 일체의 사태에 대하여 은행의 면책을 규정하고 있는 UCP(Article 17)와 URDG(Article 13)와는 달리 발행은행의 책임을 강화하고 있다. 이는 발행의뢰인의 채무불이행이 있을 경우에만 수익자에 의한 청구가 이루어지므로 보증인으로서의 지위를 가지는 발행은행의 책임을 강화하여 결과적으로 수익자를 보호하는 효과를 가지게 된다. 또한 폐쇄에 대한 이유를 따지지 않음으로써 불가항력의 성립이나 해석에 대한 논란의 여지를 제거하였으며,[43] 30일의 기간은 영업일(business days)이 아니라 달력일자(calendar days)를 기준으로 한다.

4) 서류심사

서류심사기준은 표준보증신용장관행(standard standby practice)에 따르는 것으로 규정(Rule 4.01)하고 있는데, 이는 UCP(Article 13)에 규정된 국제표준은행관행을 보증신용장의 관점에서 표현한 것이며, 유엔협약에서도 적용 가능한 표준관행을 고려하여야 한다고 규정(Article 16(1))하여 동일한 취지를 나타내고 있다. 이는 서류의 일치성에 관한 구체적인 심사기준을 설정하지 않고 서류심사를 수행하는 은행에 자체적으로 판단하도록 한 것으로 향후 표준보증신용장관행에 대한 해석문제를 야기할 가능성이 있다.

서류심사에 있어서 발행은행은 서류 상호간의 일치성을 심사하지 않으며 보증신용장과 서류 간의 일치성만을 심사하면 된다(Rule 4.03). 이

---

43) James E. Byrne, *The Official Commentary on the International Standby Practices*, Institute of International Banking Law and Practice, Inc., 1998, p.135.

는 서류 상호간의 일치성을 요구하는 UCP(Article 13(a))에 비하여 서
류수리요건이 완화된 것으로 볼 수 있다. 보증신용장의 경우 수익자에
의한 수출계약의 이행을 전제로 일관된 서류가 제시되는 화환신용장에
비하여 수익자에 의한 이행과 발행의뢰인의 채무불이행이라는 다소 모
순된 상황에서 청구가 이루어지므로 일치성이 결여된 상호 모순된 서류
가 제시되는 경우가 있을 수 있다.44)

5) 통지, 권리상실 및 서류의 처분

거절통지절차에 관하여 발행은행은 서류를 거절하기로 결정한 경우
전신 또는 그 이용이 불가능하다면 다른 신속한 수단으로(Rule 5.01.b)
서류의 제시자에게 거절통지를 하여야 하며(Rule 5.01.c), 거절통지에는
거절의 근거가 되는 모든 불일치사항을 기재하여야 한다(Rule 5.02). 또
한 거절통지를 적기에 행하지 못한 경우 불일치를 주장할 수 없게 되어
지급을 거절할 권리를 상실하게 된다(Rule 5.03). 거절통지절차는 절차
적인 면에서 UCP의 규정(Article 14(d))과 유사하나 세부적인 면에서
차이가 있다. UCP와는 달리 거절통지에서 서류의 처분에 관하여 기재
하지 않더라도 지급을 거절할 권리를 상실하지 않으며(Rule 5.07), 유효
기일 이후에 행해진 제시에 대하여는 거절통지를 요하지 않는다(Rule
5.04).

거절통지기간에 관하여 서류의 제시일로부터 불합리하지 않은(not
unreasonable) 기간 이내에 거절통지를 하여야 한다고 전제하고, 3영업
일 이내에 행해진 거절통지는 불합리하지 않으며 7영업일 이후에 행해
진 거절통지는 불합리하다고 규정하여(Rule 5.01.a) 최저 3일에서 최고

---

44) Georges Affaki, "ISP, UCP or URDG: What are the optimal rules for your
standby", *Documentary Credit World*, June 1999, p.35.

7일이라는 통지기간의 해석기준을 도입하고 있다.

또한 서류의 불일치에 대하여 발행은행은 발행의뢰인과 권리포기에 관한 교섭을 행할 수 있음을 규정하고 있는데(Rule 5.05), 발행은행의 독자적인 판단에 따른 교섭권 행사만을 규정하고 있는 UCP(Article 14(c))와는 달리 제시자의 요청에 따른 발행의뢰인과의 교섭권 행사에 대해서도 규정하고 있다(Rule 5.06).

한편 발행은행에 대한 발행의뢰인의 이의통지에 관하여 발행은행이 지급을 행하고 발행의뢰인에게 서류를 송부한 상황에서 발행의뢰인이 불일치를 발견하였다면 상당한 기간 이내에 발행은행에 대하여 이의를 제기할 수 있도록 하고 있다(Rule 5.09). 이러한 규정은 이의제기에 대한 처리방법을 별도로 규정하지 않음으로써 실제로 그 효과에 대하여 의문의 여지가 있으며, 발행의뢰인으로부터의 이의제기를 예방하기 위하여 서류심사 시 발행의뢰인에게 서류의 일치성 및 지급의 여부를 문의하는 등 불필요한 시간과 비용의 낭비를 초래할 수 있는 바람직하지 못한 규정으로 생각된다.

6) 양도, 대금의 양도 및 법의 적용에 의한 양도[45]

보증신용장의 양도에 관하여 "양도가능"(transferable)하다고 명시된 경우 전액양도에 한하여 2회 이상 횟수의 제한 없이 가능한 것으로 규정하고 있어(Rule 6.02), 분할양도와 전액양도 모두 가능하나 양도회수는 1회로 제한하고 있는 UCP(Article 48(g))와는 차이를 보이고 있다.[46] 또한 양도은행의 동의를 필요로 하는 UCP(Article 48(c))와는 달

---

45) ISP98의 제정작업반의 일원이었던 도일(Doyle) 변호사는 ISP98의 양도에 관한 규정은 보증신용장 자체가 양도가능하고 유통가능한 것으로 오해될 가능성을 가지고 있으며, 무분별한 보증신용장의 양도 및 유통은 심각한 결과를 초래할 수 있음을 경고하고 있다. Michael Doyle, "ISP98: A Recipe for Disaster", *Letter of Credit Update*, Vol.15, No.3, 1999. 3, p.14.

46) financial standby credit의 경우 실무적으로 여러 회에 걸쳐서 양도가 행해지

리 양도요건으로 발행은행의 동의를 규정하고 있으며 유엔협약에서도 동일한 규정(Article 9(2))을 두고 있다. 이는 양도의 발생을 예상하고 발행되는 양도가능신용장의 의미를 고려한다면 불필요한 규정으로 생각될 수도 있으나[47] 보증신용장거래에서는 별도의 양도은행 없이 발행은행이 양도를 행하는 경우가 대부분이므로 UCP와 동일한 의미의 규정으로 볼 수 있다.

신용장대금의 양도에 관하여 준거법에 따르는 것으로 간략하게 규정한 UCP(Article 49)와는 달리 수익자에 의한 대금양도에 대한 통지에 추가하여 발행은행의 승인을 요하는 것으로 규정하고 있으며(Rule 6.07), 대금에 대한 청구권의 경합이 발생한 경우 그러한 경합이 해결될 때까지 대금지급이 일시적으로 중지될 수 있다(Rule 6.09).

법의 적용에 의한 양도와 관련하여 준거법에 따른 합법적인 승계인 (successor)이 수익자의 권리를 승계받아 자신의 명의로 지급을 청구할 수 있다고 규정하고 있다(Rule 6.12). 이에 대하여 UCP, URDG 및 유엔협약에는 관련규정이 없으며 미국 통일상법전에는 유사한 내용이 규정되어 있다.[48]

7) 취 소

보증신용장의 취소와 관련하여 수익자의 동의가 없는 경우 발행은행은 보증신용장을 취소할 수 없다(Rule 7.01). 취소가능과 취소불능 모두

는 것이 일반적이다.

47) Georges Affaki, *op. cit.*, p.36.

48) 통일상법전에는 유엔협약의 규정과 동일하게 "법률의 적용에 의한 양도"(Transfer by Operation of Law)라는 표제하에 수익자의 승계인이 지급을 받을 수 있음을 명시하고 있다. 이러한 규정의 유사성은 ISP98이 미국의 주도하에 미국의 관행을 중심으로 제정되었음을 보여주는 일례라 할 수 있다. UCC 1995, Article 5, Section 5-113 참조.

발행가능한 화환신용장과는 달리(UCP Article 6(a)) ISP98의 적용대상
으로서의 모든 보증신용장은 취소불능이므로(Rule 1.06(b))[49] 수익자의
동의 없이 발행은행은 일방적으로 보증신용장을 취소할 수 없게 된다.
수익자의 취소에 대한 동의는 서면 또는 행위에 의해서 증명될 수 있
다.[50]

8) 기타 규정

기간과 관련하여 특정행위를 위한 기간은 그러한 행위가 이루어져야
하는 장소에서 그 행위가 가능한 영업일의 다음 영업일이 기산일이 된
다고 규정하고 있으며, 유효기간의 종료시점이 명시되지 않은 경우 제시
장소의 영업시간의 종료시점을 기준으로 한다고 규정하여 기간의 산정
을 위한 기준을 명확히 하고 있다(Rule 9.03).

공동발행(syndication)과 관련하여 복수의 발행은행에 의하여 공동으
로 보증신용장이 발행되었으나 보증신용장상에 서류가 제시되어야 하는
은행을 지정하지 않은 경우 수익자는 은행을 선택할 수 있으며 이러한
제시는 모든 발행은행을 구속한다고 규정하고 있다(Rule 10.01).[51]

---

49) 이는 모든 보증신용장이 취소불능이어야 하고, 취소가능 보증신용장은 사용될
   수 없다는 의미는 아니다. ISP98의 규정은 단지 취소불능 보증신용장에만 적
   용되므로 당사자들이 취소가능 보증신용장을 사용하고자 하는 경우 ISP98은
   취소가능성에 관련한 적절한 규정을 두고 있지 않아 취소가능 보증신용장에
   대한 준거법으로 부적절하다는 것을 의미한다. 따라서 취소가능 보증신용장
   의 경우 취소가능성과 관련된 사항은 ISP98보다는 UCP를 참조하도록 권고
   된다. James E. Byrne, op. cit., p.25.

50) 예를 들어, 발행은행의 취소요청에 대하여 수익자가 보증신용장 원본을 반환
   하는 경우 이는 행위에 의한 취소의 동의로 간주될 수 있다.

51) 금액이 큰 보증신용장의 발행과 관련하여 다수 은행이 공동으로 보증신용장을
   발행하는 경우가 있다. 이를 특히 공동발행보증신용장(syndicated standby
   credit; multibank standby credit)이라 하며, 수익자에 대한 지급의무를 공동으
   로 부담하여 개별 발행은행의 채무를 제한함으로써 위험을 감소시킬 수 있게 된

2. 유엔협약의 주요내용

1) 적용범위

적용범위에서는 유엔협약의 적용대상으로서의 요건을 규정하고 있다. 적용요건은 보증신용장의 약정에 대한 형태적 요건과 영업지에 대한 장소적 요건으로 구분할 수 있다.

첫째, 형태적 요건으로 협약에서 규정한 약정의 내용에 부합하는 보증신용장이어야 하며(Article 2), 협약의 적용을 받는 보증신용장은 독립성이 있어야 할 것을 규정하고 있다(Article 3). 따라서 독립성이 결여된 부종성의 또는 조건부의 보증(accessory or conditional guarantees)은 그 적용대상에서 배제된다.

둘째, 장소적 요건으로 발행은행의 영업지가 체약국 내에 있거나 섭외사법에 따라 체약국의 법이 적용되는 경우이어야 하며(Article 1(1)), 협약의 적용을 받는 보증신용장은 국제성을 가져야 한다(Article 4(1)). 발행은행, 수익자, 발행의뢰인, 확인은행 중의 2인의 영업지가 서로 다른 국가에 있을 경우 국제성의 요건은 충족된다. 단, 영업지가 다수인 경우에는 당해 보증신용장과 가장 밀접한 관련을 가지는 장소를 영업지로 간주하며, 영업지가 없을 경우 주소를 기준으로 한다(Article 4(2)). 반면에 ISP98의 경우 국제성을 요하지 않고 국내거래에서의 사용을 위한 보증신용장에도 적용가능하다(Rule 1.01.b).

2) 약정의 형태와 내용

유엔협약은 보증신용장에 따른 수익자의 지급청구권의 소멸사유를 다음과 같이 4가지로 규정하고 있다(Article 11(1)). 즉, 발행은행이 수익

다. 이상훈, 전게논문, 175면.

자로부터 책임면제에 대한 진술서를 수령한 경우, 수익자와 발행은행이 보증신용장의 종료에 합의한 경우, 보증신용장에 따른 대금이 지급된 경우(단 자동갱신, 신용장대금의 인상 또는 달리 보증신용장의 계속적인 사용을 명시하지 않은 경우) 및 유효기일이 만료되는 경우 지급청구권은 소멸한다. 보증신용장의 반환을 소멸요건으로 명시한 경우에는 그 반환이 이루어지지 않으면 지급청구권은 소멸되지 않으나 대금이 지급되거나 유효기일이 만료된 경우에는 반환에 관계없이 지급청구권은 소멸한다(Article 11(2)). 이러한 규정은 관련업계에서 이용되고 있는 관행과의 조화를 추구한 유엔협약의 제정목적에 따라 관행을 반영한 것이라 할 수 있다.

또한 보증신용장의 만기에 관하여 보증신용장에 명시된 유효기일이 도래하는 경우, 특정 행위 또는 사건의 발생에 의한 종료를 명시하고 있다면 그 행위 또는 사건의 발생을 입증하는 서류가 제시되는 경우 또는 유효기일이나 종료에 관하여 아무런 언급이 없다면 보증신용장의 발행일로부터 6년이 경과하는 경우 보증신용장은 실효된다(Article 12).[52]

3) 권리, 의무 및 항변

유엔협약에서는 발행은행의 지급의무에 대한 예외로서 서류가 진정하지 않거나 위조된 경우, 청구를 위하여 제시된 서류에서 주장된 근거에 의하여 지급이 정당하지 못한 경우 또는 약정의 형태와 목적에 의하여 판단할 때 청구가 상상할 수 없는 근거에 의한 경우[53]에는 선의로 행동

---

52) 6년이라는 비교적 장기의 실효기간을 규정한 이유는 이행보증(performance bond)과 같이 장기간을 요하는 건설계약과 관련하여 사용되는 경우를 고려한 것으로 보인다.

53) 유엔협약에서는 상상할 수 없는 근거에 의한 청구에 해당하는 경우를 다음과 같이 규정하고 있다. ① 보증신용장에서 정한 우발적 사건이나 위험이 현실화되지 않은 경우, ② 발행의뢰인의 근거계약상의 채무가 법원 또는 중재판

하는 발행은행은 수익자에 대한 지급을 보류할 권한을 가진다고 규정하고 있다(Article 19(1)). 이에 대하여 UCP 및 URDG에는 관련규정이 없으며, ISP98에서는 수익자의 사기와 권리의 남용과 같은 문제의 해결을 준거법에 위임하고 있다(Rule 1.05).

협약의 제정단계에서 규정의 명확화를 위하여 사기와 권리의 남용이라는 직접적인 표현을 사용하여야 한다는 주장도 있었으나, 이러한 개념의 정의에 대하여 각국의 국내법이 불일치하여 오히려 오해의 가능성이 있다는 이유로 받아들여지지 않았으며, 규정의 남용을 방지하기 위하여 근거계약의 이행이나 당사자 간의 법적, 사실적 분쟁에는 적용될 수 없음을 분명히 하고 있다.54) 본 규정은 보증신용장에 있어서 주요한 문제점이었던 사기와 권리의 남용에 대한 지급거절의 가능성을 공식적으로 인정하였다는 점에서 큰 의미를 가진다.

4) 잠정적 법원조치

수익자에 의한 청구가 지급의무의 예외에 해당하는 경우 법원은 발행의뢰인의 신청에 의하여 법원은 수익자에 대한 지급을 보류하거나 수익자에게 지급된 대금을 동결하는 잠정적 명령을 내릴 수 있다(Article 20(1)). 법원은 잠정적 명령을 내리는 경우 그러한 명령을 요청한 자에게 석설한 담보를 제공할 것을 요구할 수 있다(Article 20(1)).

정부에 의하여 무효라고 선언된 경우, ③ 근거계약에 따른 채무가 이행된 경우, ④ 근거계약에 따른 채무의 이행이 수익자의 고의적 비행에 의하여 방해된 경우, ⑤ 역보증에 따른 청구에서 역보증이 관련된 보증신용장의 발행은 행인 역보증의 수익자가 악의로 지급을 행한 경우. UN Convention Article 19(2).

54) UNCITRAL, *Report of the Working Group on International Contract Practices on the work of its fifteenth session*, A/CN.9/345, New York, 13-24 May 1991, paras.39~48.

한편 법원은 지급의무의 예외사유 및 범죄의 목적으로 보증신용장이 사용되는 경우 이외에는 지급에 대하여 어떠한 이의가 제기되더라도 잠정적 명령을 내릴 수 없다는 규정(Article 20(3))을 추가하고 있는데, 이는 명령의 요건을 강화하여 명령의 허가를 제한함으로써 보증신용장거래에 대한 법적 절차의 개입을 최소화시키기 위한 것으로 보인다.

5) 법의 충돌

준거법의 선정에 관하여 보증신용장에 명시된 법률 또는 발행은행과 수익자 간에 달리 합의된 법률이 준거법이 되며(Article 21), 준거법에 대한 지정이 없는 경우에는 발행은행의 영업지가 있는 국가의 법률이 준거법이 된다고 규정하고 있다(Article 22). 이는 준거법 선정에 있어서 당사자 자치의 원칙을 채용한 것이나, 이는 발행은행과 수익자 간의 법률관계에만 해당하는 것으로 보증신용장과 관련을 가지는 다른 자들은 이와는 다른 원칙에 의하여 준거법이 결정되어야 할 것이다.55)

IV. ISP98 적용상의 문제점

ISP98의 발효로 인하여 ISP98을 준거법으로 하는 보증신용장의 발행이 증가되고 있다.56) 그러나 ISP98이 향후 보편적인 보증신용장의 준거

---

55) counter standby credit과 같은 역보증에 있어서 이러한 준거법 선정은 문제가 될 수 있다. 즉, 동일한 은행이 수익자와 발행은행이 되는 연계된 거래에 대하여 상이한 국가의 법률이 준거법이 되는 좋지 않은 상황이 발생할 수 있다. Eric E. Bergsten, *op. cit.*, p.879.

56) ISP98은 영미를 중심으로 보급되고 있으며, 은행업계에 따르면 ISP98에 관한 홍보교육의 결과 발행되는 보증신용장 중에서 70% 이상이 ISP98에 준거하고 있다고 보고하고 있다. James E. Byrne, "Overview of Letter of Credit Law &

법으로서 광범위하게 적용되는 데 있어서 장애요인이 될 수 있는 몇 가지 적용상의 문제점을 가지고 있다.

1. 상세한 규정으로 인한 적용상의 난해성

ISP98의 경우 기존의 ICC의 규칙에서 추구하였던 간단명료한 방식의 규정보다는 지나치게 복잡하고 상세한 방식으로 규정되어 있다.[57] ISP98은 총 10장 89개 조항으로 구성되어 있는데, 이는 비교적 상세한 방식으로 규정되었던 기존의 UCP의 총 7장 49개 조항보다 2배 정도이며, URDG의 총 6장 28개 조항이나 URC[58]의 총 7장 26개 조항에 비해서는 3배가 넘을 정도의 방대한 규정으로 ISP98이 복잡하고 상세한 규정으로 이루어져 있음을 알 수 있다.[59]

ICC는 법률전문가가 아닌 실무자들이 규칙을 이해하고 사용할 수 있어야 한다는 방침을 가지고 있었기 때문에 최대한 쉽고 간결하게 규칙을 제정하여 왔던 것이 사실이다. 그러나 ISP98의 경우 과도할 정도로 복잡하고 상세하여 보증신용장거래의 실무자들이 ISP98에 대하여 충분히 연구하지 않고는 보증신용장거래에 ISP98을 적용하기가 어려울 정도로 난해한 내용으로 규정되어 있다.[60] 신용장에 관한 전문가인 미국의

Practice in 2000", *Documentary Credit World*, Vol.5, No.2, 2001. 2, p.22.

57) 규정의 과도한 상세성의 일례로 ISP98의 정의규정(Rule 1.09)에서는 용어를 정의하는 데 있어서 A 또는 B와 같은 방식으로 용어를 이중으로 설명하고 있다. 新堀 聰, "スタンドバイ信用狀(2)", 「國際金融」第1077号, 2001. 12, 63面.

58) Uniform Rules for Collections, ICC Publication No.522, 1995.

59) ISP98과 같이 보증신용장을 규율하기 위한 목적의 유엔협약의 경우에는 총 7장 27개 조항으로 구성되어 있어 ISP98에 비하여 1/3에도 미치지 못하는 간결한 규정으로 이루어져 있다.

60) 특히 ISP98의 상세한 규정은 이러한 규칙을 숙지하여야 하는 은행원들에게는 과도한 부담으로 작용할 수 있다. Michael Doyle, *op. cit.*, p.15.

돌란(Dolan) 교수도 이러한 문제점을 지적하면서 ISP98의 다수 조항의 세부적인 사항은 사실상 예측하기 불가능하거나 특이하다고 강조하고 있다.61)

다양한 유형의 국제거래에서 보증의 기능을 수행하는 보증신용장에 관하여 종래의 은행실무에서 제기되었던 여러 가지 사항들을 모두 규정하여 완벽한 규칙을 제공하고자 하는 ICC의 의도는 충분히 이해할 수 있다. 그러나 지나치게 상세한 규칙은 오히려 거래당사들의 융통성을 제한하고 규칙에 대한 이해의 부족이나 오해로 인한 분쟁의 발생을 초래할 가능성이 있는 것 또한 사실이다.

ISP98의 상세한 규정으로 인한 실질적인 적용상의 난해성의 정도는 향후의 보증신용장거래에의 적용사례에 의하여 축적된 경험에 의존할 수밖에 없으나 최소한 상세한 규정은 거래당사자들을 구속하는 결과를 초래할 것이며, 이러한 상세한 규정은 오히려 거래당사자들이 ISP98의 적용을 기피하게 만드는 역효과를 불러올 수 있다.62)

2. 발행은행에 대한 과잉보호적인 규정의 존재

ISP98의 규정 중의 일부는 보증신용장거래당사자 중에서 발행은행을 지나치게 보호하는 경향이 있으며, 그러한 규정 이외에도 발행은행을 제외한 발행의뢰인 및 수익자와 같은 보증신용장의 실질적 사용자들에게 손해를 야기할 수 있는 불리한 규정들이 다수 포함되어 있다.

발행은행을 과잉보호하는 대표적인 규정으로는 첫째, ISP98은 발행은행에 보증신용장조건에 대한 포기의 권리를 허용하고 있다. 즉, ISP98에

---

61) John F. Dolan, *op. cit.*, pp.1872~1873.
62) 박석재, 전게논문, 309면.

서는 발행은행에 독자적인 재량에 따라 발행의뢰인의 동의 없이 또는
발행의뢰인에 대한 통지 없이 발행은행에 대한 발행의뢰인의 상환의무
에 영향을 주지 않으면서 발행은행의 편익과 운영상의 편리성을 위하
여 보증신용장의 조건에 대한 포기의 권리를 부여하고 있다.[63]

둘째, ISP98은 발행은행에 제시인의 신원을 확인할 의무를 부담시키
지 않는다.[64] 즉, 발행은행은 발행의뢰인에 대하여 제시인의 신원을 확
인할 의무를 부담하지 않게 되어 실질적으로 수익자가 아닌 자에게 지
급이 행하여진 경우에도 발행은행은 그러한 지급에 대하여 면책되며, 이
러한 위험은 전적으로 발행의뢰인에게 전가된다.[65]

이러한 규정 이외에도 지급거절 이후 제시인이 서류를 발행은행에 송
부하거나 발행의뢰인에게 하자사항에 대한 용인을 요청하는 경우 제시
인은 발행은행에 대하여 하자사항에 대한 이의를 제기할 수 없으며 발
행은행은 발행의뢰인의 하자용인에 응할 의무가 없다는 규정,[66] 발행의
뢰인이 서류수령 이후 신속한 수단으로 부당한 지급에 대한 이의를 제
기하지 않은 경우 부당한 지급에 대한 소송을 제기할 권리를 포기한 것
으로 간주된다는 규정[67] 등은 발행은행에 유리한 규정이라 할 수 있다.

이와 같이 발행은행을 과잉보호하거나 또는 발행의뢰인이나 수익자에
비하여 발행은행에 유리한 규정의 존재는 ISP98의 제정 작업이 사용자
들을 배제하고 은행업계를 주축으로 하여 은행관행을 중심으로 이루어

---

63) ISP98, Rule 3.11.

64) ISP98, Rule 4.13(a).

65) Paul Turner, "Paul Turner offers his views on the pluses (and minuses) of
using ISP98", *Documentary Credit World*, Vol.6, No.4, Autumn 2000, p.12.

66) ISP98, Rule 5.06.

67) ISP98, Rule 5.09(c). 이러한 규정은 각국의 법률에서 규정하고 있는 출소기간
을 실질적으로 단축시키는 효과를 가지며, "신속한 수단으로"가 의미한 기간
은 공식주석에 의하면 발행은행의 지급거절을 위한 기간에 관한 규정(Rule
5.01)에 설정된 7일의 기간이 동일하게 적용되는 것이라고 설명하고 있다.

진 데서 연유하고 있으나, 이러한 발행은행의 이익에 편중된 규정은 실질적으로 보증신용장을 이용하는 사용자들의 외면을 야기할 수 있어 ISP98의 보급에 부정적 영향을 가져올 것이다.

3. 증빙서류의 제시 없는 환어음에 의한 지급의 인정

ISP98에서는 환어음을 지급청구를 위한 증빙서류(evidentiary document)의 하나라고 규정하고 여타 증빙서류의 제시 없이 환어음의 제시에 의한 지급을 인정하고 있다. 이는 환어음을 증빙서류가 아니라 지급, 인수 및 매입의 메커니즘의 한 부분으로 규정하고 있는 UCP의 규정과는 상충되며 보증신용장거래에 부정적인 영향을 줄 수 있다.[68]

ISP98의 정의규정에서는 환어음을 서류의 유형에 포함시키고 있으며 서류란 보증신용장조건과의 일치 여부를 심사할 수 있는 것이라고 규정하고 있으므로 환어음을 증빙서류로 규정하고 있다.[69] 또한 지급청구는 환어음의 형태로서 행해질 수 있음을 규정하여 보증신용장거래에서 환어음을 지급청구를 위한 증빙서류로서 취급하고 있다.[70]

반면에 UCP의 경우 서류라는 표제하에 운송서류, 보험서류, 상업송장 및 기타 서류로서의 각종 증명서에 관하여만 정의 및 수리요건 등에 관하여 규정하고 있어[71] 환어음과 증빙기능을 수행하는 서류를 구별하고 있다.

이러한 규정상의 상충으로 인하여 동일한 형식의 환어음이 ISP98이 적용되는 보증신용장거래에서는 증빙서류로서 간주되고, UCP가 적용되

---

68) Michael Doyle, *op. cit.*, pp.12~13.
69) ISP98, Rule 1.09(a).
70) ISP98, Rule 4.16(c).
71) UCP 500, Article 20~38.

는 화환신용장거래에서는 증빙서류가 아닌 서류로 간주되는 모순적인 상황이 야기될 수 있으며, 이는 보증신용장거래에 부정적인 위험요인으로 작용할 수 있다.

즉, ISP98에서는 환어음 자체가 증빙서류의 기능을 수행할 수 있으므로 불이행진술서와 같은 다른 증빙서류의 제시 없이도 지급이 가능하게 되는데 이는 근거계약의 불이행 여부에 대한 확인을 요하지 않게 만들어 수익자에 의한 부당한 지급청구의 가능성을 증가시키고 발행의뢰인에게 불합리한 손해를 초래할 가능성이 있다. 이와 같이 보증신용장거래에서 증빙서류가 결여된 지급메커니즘이 인정된다면 거래당사자들에게 다양한 위험을 야기할 것이며,72) 보증신용장의 신뢰성에 심각한 타격을 줄 것이다.

4. 기타 문제점

첫째, ISP98은 수익자에게 지급청구서류의 제시에 있어서 경상의 원칙(mirror image rule)을 준수할 것을 요구하고 있다.73) 즉, 보증신용장에서 특정의 문언을 요구하고 있거나 또는 보증신용장조건으로 서류상의 엄밀일치를 요구하는 경우 오자나 탈자와 같은 서류상의 사소한 불일치에도 발행은행은 지급을 거설할 수 있으므로 수익자로서는 서류삭성에 상당한 어려움이 따를 것이다.74) 따라서 지급청구서류에 있어서의 경상의 원칙의 적용은 서류의 작성자인 수익자에게는 매우 불리한 규정이 될 수 있다.75)

---

72) Michael Doyle, *op. cit.*, p.14.

73) ISP98, Rule 4.09.

74) John F. Dolan, *op. cit.*, pp.1890~1891.

75) 이러한 규정은 수익자 자신에 의하여 작성되는 서류에 의하여 지급되는 보증신

둘째, ISP98에서는 보증신용장거래에 참여하는 발행은행과 발행은행의 본·지점을 소재국가에 관계없이 무조건 별개로 취급할 것을 규정하고 있는데,[76] 서로 다른 국가에 위치하는 경우 이를 구분하는 것은 바람직한 것으로 보이나 동일국가에 위치하고 있을 경우 현지국의 국내법에 따라 발행은행의 법적 의무가 본·지점에 영향을 미치는 ISP98의 규정과는 모순되는 상황이 발생할 수 있다.[77]

셋째, 서류의 제시기간과 관련하여 유효기일 이전에 제시되는 경우 정당한 제시이며, 영업시간 종료 후 제시되는 경우 다음 영업일에 제시된 것으로 간주한다고 규정하고 있다.[78] 이러한 규정하에서는 만약 유효기일 최종일에 발행은행의 영업시간이 종료된 이후 제시가 행해지는 경우 유효기일 이내에 행해진 제시인지 유효기간을 경과한 것인지의 여부가 명확하지 않아 제시기간의 경과 여부에 관한 분쟁을 야기할 수 있다.[79]

용장거래의 특성을 감안하면 부당한 지급청구의 가능성을 감소시키는 하나의 방안이 될 수도 있다. 그러나 이러한 방안을 이용하는 경우 수익자의 서류작성 및 발행은행의 서류심사에 있어서의 부담이 증가할 수 있으며, 서류의 일치성에 관하여 수익자 및 발행의뢰인과의 분쟁이 발생할 가능성이 높다는 부작용이 있을 수 있다.

76) ISP98, Rule 2.02.

77) 예를 들어, 대부분의 미국 은행들은 금융목적의 보증신용장의 경우 신용장금액의 100%에 해당하는 금액에 발행의뢰인의 신용도를 곱한 금액을 은행의 채무액으로 평가하면서 대출과 동일하게 평가하고 있다. 이러한 상황에서 보증신용장의 지급으로 인한 문제가 발생하는 경우 대출로 인한 문제와 동일하게 발행은행의 지급에 따른 법적 의무는 국내법의 규정에 따라 본·지점에 영향을 미칠 수 있다. Neal S. Millard & Brian W. Semkow, "The New Risk-based Capital Framework and its Application to Letters of Credit", *Banking Law Journal*, Vol.106, 1989, pp.509~514.

78) ISP98, Rule 3.05.

79) 이와 관련하여 ISP98에서는 발행은행은 독자적인 재량에 의하여 영업시간 종료 후에 행해진 제시를 허용할 수 있다고 규정하여(Rule 3.11(a)(ⅳ)) 발행은행의 재량권을 인정하고 있으나 이는 동일한 문제에 대하여 발행은행에 따라 제시가 허용될 수도 있고 불허될 수도 있다는 점에서 불합리한 규정으로 생각된다. James E. Byrne, *The Official Commentary on the International Standby Practices*,

넷째, ISP98의 경우 수익자의 사기 또는 권리남용에 의한 지급청구와 관련한 문제의 해결을 전적으로 준거법(applicable law)에 일임하고 있다.[80] 이에 따라 ISP98에 준거하는 보증신용장에 있어서 사기 및 권리남용에 의한 지급청구에 대해서는 준거법에 따라 다른 결과가 발생할 수 있게 됨으로써 보증신용장거래에 불확실성을 초래할 수 있다. 결국 보증신용장거래에서 가장 중요한 문제라 할 수 있는 사기 및 권리남용에 의한 지급청구에 대하여 법적 기준을 제공하는 데 실패함으로써 보증신용장의 준거법으로서의 ISP98의 입지는 약화될 것이 분명하다.[81]

V. 결 언

본고는 한국에서의 보증신용장의 활용 증대에 대비하여 보증신용장에 관한 국제법규의 현황 및 보증신용장의 주요한 법원이라 할 수 있는 ISP98과 유엔협약의 주요내용을 고찰하였다. 결론적으로 ISP98과 유엔협약의 향후 전망을 제시하면 다음과 같다.

먼저 ISP98의 경우 기존의 UCP 적용으로 인한 문제점을 해결하기 위하여 보증신용장관행을 고려하여 제정되었기 때문에 어느 법규보다도 보증신용장에 가장 적합한 법규로서 향후 국제적으로 범용될 것으로 예

Institute of International Banking Law and Practice, Inc., 1998, p.106.

80) ISP98, Rule 1.05.

81) 반면에 유엔협약의 경우 사기나 권리의 남용과 같은 수익자의 부당한 지급청구에 대하여 발행은행이 지급을 거절할 수 있으며(Article 19), 또한 발행의뢰인은 이러한 경우 법원을 통하여 발행은행의 지급을 금지시킬 수 있는 잠정적 명령을 신청할 수 있다고 규정하여(Article 20) ISP98의 규정과는 대조적인 입장을 보이고 있다. 유엔협약의 규정에 대한 보다 자세한 사항은 이상훈, 전게논문, 268~269면 참조.

상된다. 그러나 ISP98의 범용을 위하여 고려하여야 할 문제점들이 있다. 첫째, ISP98은 다른 유사한 법규에 비하여 지나칠 정도로 상세하고 구체적이다. 이는 보증신용장의 실무와 관행을 망라하고자 하는 의도에서 비롯된 것으로 보이나 거래당사자를 지나치게 구속함으로써 개별 거래의 융통성을 제한하고 규칙의 위반여부에 관한 분쟁을 양산할 가능성이 있다. 둘째, ISP98은 거래당사자 중에서 발행은행에 유리한 다수의 규칙들이 포함되어 있다. 이는 ISP98이 미국 은행업계를 주축으로 하여 은행관행을 중심으로 제정작업이 이루어졌기 때문이다. 예를 들어, 수익자에게 경상의 원칙(mirror image rule)에 따른 서류제시를 요구하는 규칙(Rule 4.09)의 경우 오자나 탈자와 같은 사소한 불일치에도 지급거절되므로 수익자로서는 서류작성에 상당한 어려움이 따를 것이다.[82] 따라서 ISP98에 준거하는 보증신용장을 이용하고자 하는 수익자와 발행의뢰인은 사전에 협의를 통하여 ISP98의 일부 규칙을 명시적으로 수정하거나 배제하여 적용상의 불이익을 당하지 않도록 유의하여야 할 것이다.

다음으로 유엔협약의 경우 1995년 유엔협약이 채택된 이래 2003년 2월 현재 체약국은 6개국에 불과하며, 미국을 포함한 주요 선진국들은 가입을 하지 않고 있다는 사실을 감안할 때 유엔협약은 별로 성공적이지 못하다 할 것이다. 또한 발행은행의 지급의무에 대한 예외, 잠정적 법원조치에 관한 규정은 보증신용장거래의 주요한 문제점이었던 수익자의 부당한 지급청구에 의한 피해를 줄일 수 있는 진일보한 규정이라 할 수 있다. 반면에 보증신용장거래에서 실질적으로 필요한 당사자 간의 권리·의무관계에 관하여 기본적인 규정만을 설정하고 구체적 사항은 국제규칙이나 관행에 따르도록 한 것은 명확한 해석기준을 제공하는 데 실패함으로써 당사자 간의 분쟁을 야기하는 하나의 원인으로 작용할 수

---

82) John F. Dolan, *op. cit.*, pp.1890~1891.

도 있을 것이다.

이러한 부정적인 전망에도 불구하고 유엔협약은 국제거래에서 논란의 대상이었던 독립적 보증과 보증신용장에 관하여 민간기구가 아닌 유엔에 의하여 제정된 법규라는 점에서 의의가 있으며, 보증신용장에 관한 주요한 법원으로서 ISP98에서 규정하고 있지 않은 사항, 특히 수익자의 부당한 지급청구와 같은 문제에 대한 해석기준을 제공하는 상호 보완적인 기능을 수행할 것이라 예상된다.

참고문헌

김선국, "독립적 보증과 보증신용장에 관한 UN협약", 「비교사법」, 한국비교
　　사법학회 제4권 제4호, 1996.

박석재, "스탠드바이 신용장 통일규칙(ISP98)의 주요 내용 및 효과에 관한
　　연구", 「국제상학」, 한국국제상학회 제17권 제3호, 2002. 12.

新堀聰, "スタンドバイ信用狀(2)", 「國際金融」 1077号, 2001. 12.

Affaki, Georges, "ISP, UCP or URDG: What are the optimal rules for
　　your standby", *Documentary Credit World*, June 1999.

Arnold, Henry J. & Bransilver, Edward, "The Standby Letter of Credit-The
　　Controversy Continues", *Uniform Commercial Code Law Journal*,
　　Vol.10, 1978.

Barnes, James G. & Byrne, James E., "E-Commerce and Letter of Credit
　　Law and Practice", *The International Lawyer*, Vol.35, 2001.

Bergsten, Eric E., "A New Regime for International Independent
　　Guarantees and Stand-by Letters of Credit: The UNCITRAL Draft
　　Convention on Guaranty Letters", *The International Lawyer*, Vol.27,
　　1993.

Bertrams, R.I.V.F., *Bank Guarantees in International Trade*, ICC Publishing
　　S.A., 1996.

Byrne, James E., *The Official Commentary on the International Standby
　　Practices*, Institute of International Banking Law and Practice, Inc.,
　　1998.

Byrne, James E., "Overview of Letter of Credit Law & Practice in
　　2000", *Documentary Credit World*, Vol.5, No.2, 2001. 2.

Christopher, James, "The Use of Loan Sales and Standby Letters of
　　Credit by Commercial Banks", *Journal of Monetary Economics*,
　　Vol.22, 1988.

Dolan, John F., "Analyzing Bank Drafted Standby Letter of Credit Rules, the International Standby Practices (ISP98)", *Wayne Law Review*, Vol.45, 2000.

Doyle, Michael, "ISP98: A Recipe for Disaster", *Letter of Credit Update*, Vol.15, No.3, 1999. 3.

Filip De Ly, "The UN Convention on Independent Guarantees and Stand-by Letters of Credit", *The International Lawyer*, Vol.33, 1999.

Goode, Roy, *Guide to the ICC Uniform Rules for Demand Guarantees*, ICC Publishing S.A., 1992.

Goode, Roy, "Abstract Payment Undertaking and the Rules of the International Chamber of Commerce", *Saint Louis University Law Journal*, Vol.39, 1995.

ICC, *Decisions of the ICC Banking Commision (1975~1979)*, ICC Publihing S.A., 1980.

ICC, *UCP 500 & 400 Compared*, ICC Publishing S.A., 1993.

Kozolchyk, Boris, "The Emerging Law of Standby Letter of Credit and Bank Guarantees", *Arizona Law Review*, Vol.24, 1982.

Kozolchyk, Boris, "The Financial Standby : A Summary Description of Practice and Related Legal Problems", *Uniform Commercial Code Law Journal*, Vol.28, No.4, 1996.

Laryea, Emmanuel T., "Payment for Paperless Trade: Are There Viable Alternatives to the Documentary Credits?", *Law and Policy in International Business*, Vol.33, 2001.

Mann, Ronald J., "Transactional Design the Role of Letters of Credit in Payment Transactions", *Michigan Law Review*, Vol.98, 2000.

Pawlowic, Dean, "Standby Letters of Credit: Review and Update", *Uniform Commercial Code Law Journal*, Vol.23, No.4, 1991.

UNCITRAL, *Report of the United Nations Commission on International Trade Law on the work of its thirty-third session*, A/55/17, New York,

12 June - 7 July 2000.

UNCITRAL, *Report of the Working Group on International Contract Practices on the work of its fifteenth session, A/CN.9/345*, New York, 13-24 May 1991.

Wunnicke, Diane B., *Standby Letters of Credit*, Wiley Law Publications, 1989.

http://www.iccwbo.org/home/statements__rules/statements/1999/un__letters__of__credit__and__independant__guarentees__endorsement.asp.

http://www.uncitral.org/english/texts/payments/guarant.htm.

제3장 보증신용장거래에서 발행은행의 지급이행에 관한 문제점

Ⅰ. 서 언

1899년 *Bowen v. Needles National Bank* 사건[1]을 계기로 미국에서 보증서를 대체하는 수단으로 도입된 보증신용장(standby letter of credit)은 화환신용장(documentary letter of credit)과는 본질적으로 다른 성격을 가지고 있으므로 발행은행의 지급이행에 있어서 화환신용장과 차이가 있을 수밖에 없다. 보증신용장에서 수익자의 지급청구와 그에 따른 발행은행의 지급이행은 보증신용장거래에서 가장 중요한 거래과정이며, 또한 보증신용장이 관련된 대부분의 분쟁에서 발행은행의 지급이행은 주요쟁점이 되고 있는 실정이다.

본고는 보증신용장거래에서 가장 핵심적인 요소인 수익자의 지급청구와 그에 따른 발행은행의 지급이행에 관한 고찰을 통하여 보증신용장거래의 활성화에 장애요인이 되고 있는 지급이행에 있어서의 문제점을 검토하고 그에 대한 대응방안을 제시하고자 한다. 본고는 발행은행이 관점에서 지급이행에서의 문제점과 대응방안을 분석하였는데 그 이유는 보증신용장거래에서 발행은행이 수익자나 발행의뢰인과 같은 여타의 거래당사자에 비하여 가장 많은 위험요인을 가지고 있는 약자의 지위에 있으며, 발행은행의 안전성이 확보되지 않은 상태에서 보증신용장제도의 발전이 이루어질 수 없기 때문이다.

---

1) 94 F.925 (9th Cir. 1899).

Ⅱ. 보증신용장거래에서 지급이행의 특성

1. 발행은행의 지급의무의 성격

보증신용장은 그 기원에 있어서 화환신용장의 형식에 은행의 보증 기능을 부가한 것으로 궁극적으로 신용장의 형식을 빌린 은행 보증서라 할 수 있으나, 보증신용장에서의 발행은행의 지급의무의 성격은 보증서의 발행인의 지급의무와는 그 성격을 달리한다.

보증신용장거래에서 수익자에 대한 발행은행의 지급의무는 보증신용장이 발행되는 원인인 근거거래(underlying transaction)[2] 등의 여하한 거래와는 독립된 별개의 지급의무이면서 1차적 지급의무(primary obligation)에 해당한다.[3] 즉, 수익자에 의하여 제시되는 서류가 보증신용장조건과 일치한다면 발행은행의 지급의무는 이행되어야 하며, 근거계약의 이행 또는 불이행에 관련한 분쟁이 발생하거나 근거계약이 파기 또는 무효가 되는 경우에도 발행은행의 지급의무는 영향을 받지 않으며 독립적으로 존재하게 된다.[4]

James S. Hamada v. Far East National Bank 사건[5]에서 Thomas 판사는 "신용장과 보증 간의 핵심적인 차이점은 보증인의 채무가 2차적

---

2) 화환신용장거래에서는 일반적으로 물품의 매매계약만이 근거계약이 되나, 보증신용장거래에서는 매매계약을 포함하여 대출계약, 임대차계약, 건설계약, 투자신탁계약 등의 보증을 요하는 모든 유형의 계약이 근거계약이 될 수 있다.

3) Kimberly S. Winick, "Tenant Letters of Credit: Bankruptcy Issues for Landlords and Their Lenders", *American Bankruptcy Institute Law Review*, Vol.9, Winter 2001, p.739.

4) Gao Xiang & Ross P. Burkley, "The Unique Jurisprudence of Letters of Credit : Its Origin and Sources", *San Diego International Law Journal*, Vol.4, 2003, p.119.

5) 291 F.3d 645; 39 Bankr. Ct. Dec. 175 (2002).

인 데 비하여 신용장에 있어서 발행은행의 채무는 1차적이라는 것이
다."(The key distinction between letters of credit and guarantees is
that the issuer's obligation under a letter of credit is primary whereas
a guarantor's obligation is secondary.)라고 주장하고 있다.

환언하면 보증에 따른 보증인의 지급의무는 채권자와 주채무자 사이
의 근거계약에 대한 부종채무로서 2차적 지급의무(secondary obligation)
에 해당하는 것과는 달리 보증신용장에서 발행은행의 지급의무는 부종
채무가 아닌 주채무라는 것을 의미한다. 또한 이러한 보증신용장에 따른
발행은행의 지급의무의 성격은 보증신용장과 보증을 구별하는 중요한
기준으로 간주되고 있다.[6]

반면에 보증신용장에서의 발행은행의 지급의무는 화환신용장의 경우
와는 달리 1차적 의무가 아니라 2차적 의무의 성격에 해당한다는 견해
도 주장되고 있다.[7]

Nissho Iwai Europe PLC v. Korea First Bank 사건[8]에서
Graffeo 판사는 "상업신용장은 1차적 지급수단인 반면에 보증신용장의
경우 수익자가 발행의뢰인으로부터의 지급을 받지 못한 이후에만 2차
적으로 사용된다."(Commercial letter of credit substitutes as the
primary means of payment, while a standby letter of credit is used
secondarily after the beneficiary fails to obtain payment from the
applicant.)라고 판시하고 있다.

이러한 주장은 보증신용장에서 수익자의 지급청구권이 발행의뢰인의

---

6) Tim A. Forgerson, "Standby Letter of Credit - True Letter of Credit or
   Guaranties: Republic National Bank v. Northwest National Bank",
   Southwestern Law Journal, Vol.33, 1980, p.1310.

7) Amelia H. Boss, "Suretyship and Letters of Credit : Subrogation Revisited",
   William & Mary Law Review, Vol.34, Summer 1993, pp.1104~1106.

8) 99 N.Y.2d 115; 782 N.E.2d 55 (2002).

근거계약에 따른 채무의 이행여부에 의존하고 있으므로 발행의뢰인의 근거계약에 따른 채무가 1차적이며 발행은행의 지급의무는 2차적이라는 논리에 근거하고 있는 것으로 보인다. 그러나 보증신용장거래에서 발행은행의 지급이행은 수익자의 지급청구가 보증신용장조건에 일치한다면 지급을 이행하겠다는 보증신용장의 조건에 따라 본인(principal)으로서 자신의 지급의무를 이행하는 것이지 근거계약에 따른 발행의뢰인의 채무를 대신하여 대리인(agent)의 지위에서 이행하는 것이 아니다.9) 즉, 발행은행의 지급의무의 전제조건은 발행의뢰인의 채무불이행의 존재 여부가 아니라 수익자의 지급청구와 신용장조건과의 일치 여부에 의존하는 것이다. 따라서 수익자의 지급청구에 의하여 보증신용장의 지급을 위한 조건이 충족될 경우 발행은행은 수익자에 대하여 1차적으로 지급을 이행할 의무를 부담하므로 발행은행의 지급의무는 1차적 지급의무로 보는 것이 타당하다.

2. 수익자의 지급청구의 특성

1) 지급청구권의 전제조건

화환신용장과 달리 보증신용장거래에서 발행은행에 대한 수익자의 지급청구권은 수익자에 대한 발행의뢰인의 근거계약상의 채무불이행을 전제조건으로 하고 있다.10) 즉, 발행의뢰인이 수익자에 대한 근거계약상의 채무를 이행하는 경우 수익자의 지급청구권은 발생되지 않으며,

---

9) Brooke Wunnicke & Diane B. Wunnicke, *Standby Letters of Credit*, John Wiley & Sons, Inc. 1989, p.25.

10) Keith A. Rowley, "Anticipatory Repudiation of Letters of Credit", *SMU Law Review*, Vol.58, Fall 2003, p.2245; John F. Dolan, *The Law of Letters of Credit*, Warren, Gorham & Lamont, 1996, p.1~16.

발행의뢰인이 수익자에 대한 근거계약상의 채무를 불이행한 경우에만 수익자의 지급청구권이 발생된다.

이에 대하여 *Arbest Construction Co. v. First National Bank & Trust Co.* 사건[11]에서 법원은 보증신용장거래에서 "수익자는 발행의뢰인이 지급 또는 채무를 이행하지 않는 경우에만 발행은행에 대하여 정당한 지급청구를 행할 수 있다."(The beneficiary makes proper demand upon the issuer only if the account party fails to pay or perform.)라고 판시하고 있다.

달리 말하면, 화환신용장의 경우 수익자는 근거계약인 매매계약에 따라 약정된 물품의 선적을 이행하였음을 증명하는 서류의 제시에 의하여 지급을 받게 된다. 즉, 수익자의 지급청구권은 근거계약의 이행에 의하여 발생된다. 반면에 보증신용장의 경우 수익자는 발행의뢰인이 근거계약을 이행하지 않았음을 증명하는 서류의 제시에 의하여 지급을 받게 된다. 즉, 수익자의 지급청구권은 근거계약의 불이행에 의하여 발생된다.[12] 무역거래에서 사용되는 상업보증신용장(commercial standby credit)[13]을 생각하면 이러한 차이점은 더욱 명확해진다. 이러한 경우 매도인인 수익자는 매매계약에 따라 물품을 선적하고 매수인인 발행의뢰인에게 직접 대금지급을 청구하게 된다. 발행의뢰인이 매매계약에 따라 지급을 이행하는 경우 보증신용장은 사용되지 않는다. 그러나 발행의

---

11) 777 F.2d 581 (10th Cir. 1985).

12) John F. Dolan, *op. cit.*, p.1~16.

13) 상업보증신용장은 물품매매와 관련하여 발행의뢰인(수입상)이 근거계약에서 정한 결제방식에 따른 대금지급을 이행하지 않을 경우 수익자(수출상)에게 매매대금을 지급할 것을 약정하고 있다. 상업보증신용장은 매수인의 대금지급의무를 보증한다는 점에서 화환신용장과 가장 유사한 기능을 수행하는 보증신용장이라 할 수 있다. 이상훈, "보증신용장의 활용을 위한 법규적 접근", 「무역학회지」, 한국무역학회 제28권 제2호, 2003. 4, 252~253면.

뢰인이 대금을 지급하지 않는 경우 수익자는 지급청구권을 가지며 보증신용장조건에 따라 발행의뢰인이 대금지급을 불이행하였음을 증명하는 채무불이행진술서와 환어음을 작성하여 발행은행에 대금지급을 청구하게 된다.[14]

2) 지급청구서류의 특성

화환신용장거래에서 일반적으로 수익자는 발행은행에 지급을 청구하기 위하여 환어음 이외에 근거계약이 이행되었음을 증명하기 위하여 상업송장, 선화증권으로 대표되는 운송서류 및 보험서류 등의 여러 종류의 다양한 지급청구서류를 제시하여야 한다. 반면에 보증신용장거래에서 수익자는 발행의뢰인의 채무불이행에 의하여 지급청구권이 발생하므로 대부분의 경우 지급청구서류로써 환어음과 발행의뢰인이 근거계약에 따른 채무를 이행하지 않았음을 나타내는 불이행진술서(statement of default)가 사용되며, 경우에 따라 그 이외에 1, 2종류의 서류가 추가적으로 사용된다.[15] 예외적으로 금융목적의 보증신용장의 경우 환어음 이외에 불이행진술서와 같은 다른 서류가 요구되지 않고 환어음의 제시만으로 지급이 이루어지는 경우도 있다.[16]

이러한 보증신용장거래에서의 지급청구서류는 화환신용장거래에서의 지급청구서류와 비교하여 다음과 같은 몇 가지의 특성을 가지고 있다.

---

14) 박석재, "스탠드바이(Standby)신용장의 활용상의 문제점에 관한 연구", 성균관대학교 박사학위논문, 1996, 32면.

15) Stephen J. Pearlman, "Types of Nontrade Letter of Credit Used in Today's Marketplace", *A Practical Guide to Letters of Credit*, Executive Enterprise Publications Co., Inc., 1990, p.20.

16) 이러한 유형의 보증신용장의 발행은 발행의뢰인에 대한 발행은행의 여신행위(loan)와 동일한 효과를 가지게 된다. Dean Pawlowic, "Standby Letters of Credit : Review and Update", *Uniform Commercial Code Law Journal*, Vol.23, 1991, p.414.

첫째, 보증신용장거래에서의 지급청구서류는 수익자에 의하여 직접 작성된다. 일부의 보증신용장에 있어서 발행의뢰인의 불이행을 수익자가 아닌 제3자가 확인하여 주는 제3자 발행의 불이행증명서(certificate of default)가 요구되는 경우도 있으나, 이는 제3자의 주관적 판단이 개입되기 쉬우며 제3자의 확인을 위한 시간 및 비용의 부담이 있어 수익자의 입장에서는 이러한 서류의 사용을 기피하는 경향이 있다. 따라서 대부분의 경우 보증신용장의 지급을 위하여 요구되는 환어음과 불이행진술서와 같은 모든 서류는 수익자에 의하여 직접 작성되어 발행은행에 제시된다. 이는 환어음과 상업송장을 제외한 대부분의 서류가 수익자가 아닌 제3자에 의하여 작성되어 수익자의 근거계약의 이행을 제3자가 입증해 주는 화환신용장과는 크게 차이가 있다.

둘째, 보증신용장거래에서의 지급청구서류는 금전적 가치를 가지지 않는다.[17] 화환신용장거래에서 요구되는 운송서류 중에서 가장 대표적인 서류인 선화증권은 선적된 물품에 대한 권리증권이며 유가증권으로서 선화증권에 기재된 물품과 동일한 가치를 가진다. 반면에 보증신용장에서 요구되는 불이행진술서는 발행의뢰인의 불이행 사실을 기재한 진술서에 불과하므로 유가증권에 해당하지 않는다. 이에 따라 화환신용장거래에서는 발행의뢰인으로부터 수익자에게 지급된 신용장대금의 상환에 있어서 문제가 발생하는 경우 유가증권인 선화증권의 매각에 의하여 신용장대금을 회복할 수 있으나,[18] 보증신용장거래에서는 발행의뢰인으로

---

17) 지급청구서류의 이러한 특성으로 인하여 보증신용장은 화환신용장보다 전자적 제시가 용이하여 전자상거래시대에 적합한 지급수단이라 할 수 있다. James G. Barnes & James E. Byrne, "E-Commerce and Letter of Credit Law and Practice", *The International Lawyer*, Vol.35, 2001, p.27.

18) 이러한 이유로 인하여 대부분의 화환신용장거래에 있어서 발행은행은 선화증권을 발행은행지시식으로 발행할 것을 요구하여 발행은행의 담보권 확보와 물품의 처분에 대비하고 있다. Margaret L. Moses, "The Irony of International Letters

부터 신용장대금의 상환에 문제가 생길 경우 유가증권이 아닌 불이행진
술서의 처분에 의하여 신용장대금을 회복할 수 없으므로 발행은행은 수
익자에게 지급한 신용장대금에 해당하는 손실을 입을 가능성이 있다.[19]

　셋째, 보증신용장거래에서의 지급청구서류는 정형화되어 있지 않다.
화환신용장거래에서 수익자의 지급청구에 있어서 핵심적인 서류인 운송
서류의 경우 그 기재사항이나 형식적인 면에서 상당한 정형화가 이루어
져 있으며, 규제를 위한 국제적인 준거법규도 마련되어 있다.[20] 또한 신
용장통일규칙에서도 운송서류의 수리요건에 관하여 비교적 상세하게 규
정하고 있어 발행은행의 서류심사에 있어서의 판단기준을 제공하고 있
다. 반면에 보증신용장거래에서 지급청구의 정당성을 입증하는 서류인
불이행진술서의 경우 그 기재사항이나 형식적인 면에서 아직 정형화의
단계에 이르지 못하고 있다. 불이행진술서는 다양한 형태의 근거계약과
그에 따른 발행의뢰인의 불이행 사실을 그 내용으로 하고 있어 불이행
진술서를 정형화한다는 것은 실질적으로 매우 어려운 일이다.[21] 이와

　　of Credit : They aren't secure, but they (usually) work", *Banking Law Journal, June* 2003, pp.484~488.

19) Robert M. Rosenblith, "Seeking a Waiver of Documentary Discrepancies from the Account Party: Unexplored Legal Problems", *Brooklyn Law Review,* Vol.50, No.1, 1990, pp.83~85.

20) 운송서류에 관한 국제법규로는 선화증권의 경우 Hague Rules, Hague-Visby Rules, Hamburg Rules, CMI Rules for Electronic Bills of Lading 등이 있으며, 해상화물 운송장의 경우 CMI Uniform Rules for Sea Waybill, 복합운송서류의 경우 UNCTAD/ICC Rules for Multimodal Transport Documents가 있다.

21) 1998년 국제상업회의소에 의하여 제정된 보증신용장통일규칙(International Standby Practice: 이하 ISP98이라 한다)에 의하면 불이행진술서에는 보증신용장에 기재된 불이행의 발생사실과 그 발생일자 및 수익자의 서명이 기재되어야 한다고 규정하고 있을 뿐이며(ISP98, Rule 4.17), 그 이외에 불이행진술서의 형식이나 구체적인 기재사항에 관하여는 규정하고 있지 않다. 또한 1996년 UNCITRAL에 의하여 제정된 독립적 보증서 및 보증신용장에 관한 유엔협약(United Nations Convention on Independent Guarantees and Stand-by Letters of Credit: 이하 유엔 협약이라 한다)에도 형식 및 내용에 관한 구체적인 규정은 두지 않고 있다(UN

같이 불이행진술서가 정형화되어 있지 못하고 그에 대한 명확한 법적
기준도 설정되어 있지 않으므로 보증신용장거래에서 서류를 준비하는
수익자 그리고 서류를 심사하는 발행은행 및 발행의뢰인 등의 거래당사
자에게 내용 및 형식의 면에서 견해의 불일치와 그에 따른 분쟁을 야기
할 가능성이 있다.

　보증신용장거래에서의 지급청구서류가 가지는 이러한 특성은 발행은
행이 지급이행의 여부를 결정하기 위한 서류의 일치성 판단에 있어서
엄밀일치를 적용하게 만드는 하나의 요인이 되고 있으며, 이로 인하여
보증신용장거래에서의 수익자와 발행은행 사이에 서류의 일치성에 관한
분쟁을 증가시키는 원인으로 작용하고 있다.

3. 발행은행의 지급이행의 특성

1) 지급이행에 대한 발행은행의 입장

　보증신용장거래에서 발행은행의 지급이행에 대한 입장은 화환신용장
거래에서 발행은행의 지급이행에 대한 입장과는 크게 다르다. 이러한 입
장의 차이는 사용목적과 그에 따른 신용장의 지급이행에 대한 발행은행
의 기본적 예상이 다르다는 점에서 비롯되어 결국 수익자의 지급청구에
대한 지급이행의 여부를 결정하기 위한 서류의 심사에 임하는 발행은행
의 태도에까지 직접적인 영향을 미치게 된다.[22]

　화환신용장의 사용목적은 근거계약인 매매계약이 정상적으로 이행될 경
우에 매수인을 대신하여 발행은행이 매도인에게 지급을 이행하도록 하는
것이다. 이에 따라 발행은행은 지급이행을 예상하고 화환신용장을 발행하
며 수익자의 지급청구는 근거계약에 따라 물품이 정상적으로 선적되었음을

Convention, Article 7, 15 참조).
22) John F. Dolan, *op. cit.*, p.1~17.

94

의미하므로 발행은행은 수익자에게 지급을 이행하고 화환신용장거래를 정
상적으로 종료시킬 것을 원하게 된다. 또한 이러한 경우 발행은행의 고객인
발행의뢰인 역시 물품의 입수를 통한 근거계약의 정상적 종료를 위하여 발
행은행의 지급이행을 원하게 된다.[23] 따라서 화환신용장의 발행은행은 지
급이행에 있어서 호의적이고 적극적인 태도를 가지게 되며, 지급이행을 위
한 서류심사에 있어서 보다 완화된 서류심사기준인 상당일치를 적용하여
사소한 불일치를 용인하거나 또는 발행의뢰인과의 불일치용인을 위한 교섭
에 나서는 등 화환신용장거래의 원만한 종료를 위하여 노력하게 된다.[24]

　반면에 보증신용장의 사용목적은 근거계약에 따른 발행의뢰인의 채무
이행을 수익자에게 보증하고자 하는 데 있다. 그러므로 발행은행은 근거
계약의 정상적인 이행을 기대하고 있으며 근거계약에 따라 발행의뢰인
이 수익자에게 채무를 이행한 경우 수익자의 지급청구는 행해지지 않을
것이므로 지급이행이 이루어지지 않고 보증신용장이 사용되지 않은 상
태에서 유효기일의 경과로 보증신용장이 실효될 것을 예상하면서 보증
신용장을 발행하게 된다. 보증신용장거래에서 수익자의 지급청구가 행해
지는 경우 이는 발행의뢰인과의 근거계약이 정상적으로 이행되지 못하
고 있거나 또는 발행의뢰인에게 재정적인 문제가 발생하였음을 의미하
므로 발행은행은 수익자의 지급청구에 따른 지급이행을 원하지 않게 된
다. 발행은행의 고객인 발행의뢰인 역시 문제가 발생한 근거계약에 따른
발행은행의 지급을 원하지 않을 것이다.[25] 이러한 이유와 지급이행 이
후 발행의뢰인으로부터의 보증신용장대금의 상환문제 등을 고려하면 발
행은행은 지급이행에 있어서 더욱 소극적인 태도를 가지게 된다.

　이에 따라 수익자의 지급청구에 대한 지급이행의 여부를 결정하기 위

---

23) 고중현, "보증신용장의 지급", 중앙대학교 박사학위논문, 1992, 22면.
24) Margaret L. Moses, op. cit., p.479.
25) John F. Dolan, op. cit., p.1～17.

한 서류의 심사에 있어서 발행은행은 화환신용장거래에 비해서 보다 엄격한 입장에서 엄밀일치에 따라 서류를 심사하고자 하며, 사소한 불일치에 대해서도 지급이행을 거절하려는 경향을 보이게 된다.[26]

2) 엄밀일치에 따른 지급이행

화환신용장거래와 동일하게 보증신용장거래에서 발행은행은 수익자가 제시한 지급청구서류와 보증신용장조건과 일치할 경우에만 지급이행의 의무를 부담하게 된다. 따라서 수익자가 제시한 서류와 보증신용장조건과의 일치성을 판단하기 위한 발행은행의 서류심사는 지급이행의 여부를 결정하기 위한 필수적인 과정이다. 이러한 서류심사에 있어서 발행은행은 발행의뢰인에 의한 근거계약의 불이행 여부를 조사하지 않아야 하며,[27] 발행은행의 지급이행의 여부는 전적으로 보증신용장의 요구서류로서 수익자에 의하여 제시된 지급청구서류에 의존하여야 한다.[28]

수익자에 의하여 제시된 서류와 신용장과의 일치성 판단을 위한 발행은행의 서류심사기준으로는 전통적으로 엄밀일치(strict compliance)와 상당일치(substantial compliance)의 기준이 적용되어 왔으나,[29] 엄밀일치와 상당일치가 경합하고 있는 화환신용장에 비하여 보증신용장의 경

---

26) Pawlowic 교수는 1989년에 발생된 9건의 보증신용장에 관한 소송사례를 예로 늘면서 보증신용상거래에서는 문사 ㄱ내로의 엄격한 엄밀일지("very strict" strict compliance)를 적용하는 경향이 있음을 주장하고 있다. Dean Pawlowic, *op. cit.*, pp.403~406.

27) ISP98 Rule 1.07; UN Convention Article 3.

28) Boris Kozolchyk, "The Financial Standby : A Summary Description of Practice and Related Legal Problems", *Uniform Commercial Code Law Journal*, Vol.28, No.4, Spring 1996, p.358.

29) 보증신용장통일규칙이나 유엔협약에서는 서류심사기준에 관하여 엄밀일치와 같은 구체적인 언급은 없으며, 다만 지급청구서류는 보증신용장조건 및 보증신용장표준관행(standard standby practice)에 의하여 심사되어야 한다고만 규정되어 있다. ISP98 Rule 4.01, UN Convention Article 16 참조.

우 일반적으로 상당일치보다는 엄밀일치의 서류심사기준이 적용되고 있
다.30)

Morris Bisker v. Nationsbank 사건31)에서 Farrell 판사는 "보증신
용장거래에서 발행은행의 지급의무를 결정하기 위한 목적으로 엄밀일치
의 기준이 적용되어야 한다."(Standard of strict compliance would be
adopted for purposes of determining bank's duty to honor letter of
credit.)라고 엄밀일치의 적용을 주장하고 있다.

보증신용장거래에서의 발행은행의 서류심사기준으로 엄밀일치가 적용
되어야 하는 주요한 근거는 다음과 같다. 이러한 근거는 보증신용장의
지급청구서류의 특성에 주로 기인하고 있다.

첫째, 보증신용장의 지급청구서류는 수익자에 의하여 직접 작성된다.
수익자는 근거계약의 당사자이면서 보증신용장의 당사자로서 근거계약
과 보증신용장 조건에 대해서 숙지하고 있어야 하므로 수익자에 의하여
작성되는 서류에는 엄밀일치가 요구된다.32)

---

30) 1990년 이후 보증신용장거래에서 엄밀일치의 서류심사기준이 적용된 주요한
판례는 다음과 같다. *Ward Petroleum Corp. v. Federal Deposit Insurance
Corp.*, 907 F.2d 1297 (10th Cir. 1990); *LeaseAmerica Corp. v. Northwest
Bank*, 940 F.2d 345 (8th Cir. 1991); *Robert Vanden Brul v. Midamerican
Bank & Trust Co.*, 820 F.Supp. 1311 (1993); *Airlines Resorting Corp. v.
Norwest Bank*, 529 N.W.2d 449 (1995); *Continental Grain Co. v. Meridian
International Bank*, Ltd., 894 F.Supp. 654 (1995); *PNC Bank v. Liberty
Mutual Insurance Co.*, 912 F.Supp. 169 (1996); *Rhode Island Hospital
Trust National Bank v. Eastern General Contractors, Inc.*, 674 A.2d 1227
(1996); *Kumagai-Zenecon Construction, Ltd. v. Arab Bank*, 1997 SLR
LEXIS 152 (1997); *Vass v. Gainesville Bank & Trust*, 480 S.E.2d 294
(1997); *Fleet National Bank v. Omni Industries*, 2000 Conn. Super. LEXIS
2193 (2000); *Zalmen Reiss & Associates, Inc. v. European American
Bank*, 269 A.D.2d 166 (2000); *First Tennessee Bank v. Aida Alvarez*, 268
F.3d 319 (2001).

31) 686 A.2d 561 (1996).

32) 실제로 화환신용장거래에 있어서 은행은 수익자가 직접 작성하는 상업송장보다는

둘째, 보증신용장의 지급청구서류는 금전적 가치를 가지지 않으므로 발행은행은 서류를 통하여 신용장대금을 담보하는 채권의 확보가 곤란하므로 지급에 신중을 기하게 되어 엄밀일치를 적용하게 된다. 실제로 보증신용장조건과 불일치하는 서류에 대한 지급은 발행은행에 지급금액만큼의 손실을 가져올 수 있어 보증신용장거래에서 발행은행은 사소한 불일치가 발견되는 경우 지급 이전에 발행의뢰인에게 지급이행의 여부를 문의하는 것을 관행으로 하고 있다.[33]

셋째, 보증신용장의 지급청구서류는 정형화되어 있지 않고, 법적 해석기준도 마련되어 있지 않다. 따라서 서류심사에 있어서 발행은행의 자의적 판단이나 재량권의 남용은 서류의 일치성에 관한 분쟁을 초래할 가능성이 크다. 엄밀일치에 따라 서류를 심사하는 경우 자의적 판단이나 재량권의 남용을 막을 수 있어 분쟁 예방을 위해서도 엄밀일치에 따른 서류심사가 요구된다.

넷째, 보증신용장거래에서는 최소한의 지급청구서류만이 요구된다. 대부분의 보증신용장거래에서는 환어음과 불이행진술서만이 요구되는데, 환어음의 경우 형식의 표준화와 관련법규에 따라 명확한 심사기준이 설정되어 있으므로 서류심사에 있어서 문제가 되는 것은 불이행진술서이다. 불이행진술서의 경우 화환신용장에서의 상업송장과 동일하게 지급청구서의 기능을 수행하는 중요한 서류이다.[34] 따라서 불이행진술서는 보

운송인이 발행하는 운송서류 또는 보험회사가 발행하는 보험서류의 심사에 있어서 상당일치를 적용하는 경향을 보이고 있다. 이러한 경향은 1986년 SITPRO에 의한 조사에서 수익자의 제시서류와 화환신용장조건이 불일치하는 경우 중에서 상업송장의 불일치율이 19.9%, 운송서류의 불일치율이 18.8%, 보험서류의 불일치율이 7.2%의 순으로 조사되었다는 사실에서도 알 수 있다. Clive M. Schmitthoff, "Discrepancy of Documents in Letter of Credit Transactions", *The Journal of Business Law*, March 1987, pp.94~95.

33) Robert M. Rosenblith, *op. cit.*, p.85.

34) James E. Byrne, *The Official Commentary on the International Standby*

증신용장에서 발행은행이 지급 여부를 결정하는 데 있어서 판단기준이
될 수 있는 유일한 서류이므로 엄밀일치가 적용되는 것이 타당하다.[35]

이러한 근거에 의하여 보증신용장거래에서는 서류심사에 있어서 엄밀
일치의 기준이 적용되고 있으므로 거래당사자들은 이를 유념하여 보증
신용장거래에 임하여야 한다. 발행은행의 경우 수익자가 서류를 준비하
는 데 오해 또는 혼란이 발생하지 않도록 보증신용장을 발행하는 데 있
어서 지급청구서류는 가능한 한 단순하고 명확하게 요구하여야 한다.[36]
발행의뢰인도 보증신용장의 발행신청에 있어서 사전에 이러한 사항을
충분히 고려하여야 할 것이다. 또한 수익자는 지급청구서류를 준비하는
과정에서 보증신용장조건을 해석함에 있어서 자의적이거나 주관적인 판
단을 하지 않아야 하며, 보증신용장조건과 요구서류가 일치될 수 있도록
서류작성에 최대한의 주의를 기울여야 한다. 예를 들어, 불이행진술서에
기재된 "내가 알고 있는 한"(to the best of my knowledge)과 같은 모
호하고 주관적인 표현은 엄밀일치에 따라 발행은행으로부터 지급이행의
거절을 초래할 수 있다.[37]

　　Practices, Institute of International Banking Law and Practice, Inc., 1998,
　　p.163.

35) 신용장통일규칙에서도 상업송장의 물품명세는 신용장의 물품명세와 일치하여야
　　하며, 기타 서류의 물품명세는 신용장의 물품명세와 모순되지 않는 일반용어로
　　기재될 수 있다고 규정하고 있어 상업송장에는 엄밀일치가 적용된다고 유추
　　할 수 있다. UCP 500, Article 37 참조.

36) Peter J. Gregora, "Guarantees, Letters of Credit and Comport Letters in
　　Mortgage Financing", *Real Estate Law and Practice Course Handbook
　　Series*, May-June 1998, pp.460~461.

37) *Ibid.*

Ⅲ. 지급이행상의 문제점

1. 수익자의 부당한 지급청구

1) 부당한 지급청구의 원인

보증신용장거래에서 수익자의 지급청구권은 발행의뢰인에 의한 근거계약의 불이행에 의하여 발생되며,[38] 발행은행의 지급의무는 수익자의 지급청구서류와 보증신용장조건의 일치성에 의하여 발생된다.[39] 즉, 발행은행은 수익자에 의하여 제시된 서류와 보증신용장조건이 문면상으로 일치하는 경우 지급을 이행하게 된다. 따라서 발행은행의 지급이행은 서류의 내용, 즉 근거계약에 따른 발행의뢰인의 불이행이 실질적으로 발생하였는지의 여부와는 관계가 없으며[40] 수익자와 발행의뢰인 간에 근거계약의 이행 또는 불이행에 관련한 분쟁이 발생하거나 근거계약이 파기 또는 무효가 되는 경우에도 발행은행은 수익자의 제시서류와 보증신용장조건이 일치한다면 지급의무를 부담하여야 한다.[41]

발행의뢰인이 근거계약에 따른 의무를 실질적으로 이행하지 않고 수익자가 실제로 발생된 발행의뢰인의 불이행 사실을 기재한 서류를 발행은행에 제시하는 경우 이는 수익자에 의한 정당한 지급청구로서 발행은행은 당연히 지급을 이행하여야 한다. 반면에 발행의뢰인이 근거계약에 따른 의무를 이행하였거나[42] 또는 근거계약이 무효화되었음에도[43] 불

---

38) John F. Dolan, *op. cit.*, p.1~16.

39) ISP98 Rule 1.06(d); UN Convention Article 15(1).

40) 은행보증서에 있어서 발행은행의 지급의무는 어떠한 사실의 실질적 발생에 의하여 발생하며, 보증신용장에 있어서 발행은행의 지급의무는 서류에 의한 불이행의 통지에 의하여 발생된다. Kris S. Dighe, "Standby Letter of Credit : Are They Insured Deposit?", *Wayne Law Review*, Vol.32, 1986, p.1171.

41) ISP98 Rule 1.06(c); UN Convention Article 3.

구하고 수익자가 사기적인 의도에서 허위로 작성된 지급청구서류를 제
시하거나[44] 또는 지급청구권을 남용하여 지급청구서류를 제시하는[45]
경우, 즉 지급청구의 근거에 문제가 있는 경우[46] 이는 수익자에 의한
부당한 지급청구로 간주되어야 한다.

보증신용장거래에서는 이러한 독립추상성의 원칙에 의하여 수익자에
의한 부당한 지급청구의 가능성이 내재되어 있다. 이러한 문제는 화환신
용장거래에서도 동일하게 발생되고 있으나, 보증신용장거래의 경우 지급
청구서류의 특성으로 인하여 수익자의 부당한 지급청구의 위험은 화환
신용장에 비하여 크게 증가된다.[47] 즉, 보증신용장거래에서의 지급청구
서류는 수익자 자신이 발행하는 불이행진술서와 환어음만으로 구성되는
것이 대부분이며, 불이행진술서의 기재내용 역시 제3자의 확인이나 서명
을 요하지 않는 수익자의 일방적인 진술로 이루어지므로 제3자와의 공
모 없이 수익자의 악의적 의도만으로 부당한 지급청구가 용이하게 행해
질 수 있게 된다.[48] 중립적 입장의 제3자인 운송인에 의하여 작성되는
운송서류를 통하여 근거계약의 이행을 보장하는 최소한의 안전장치를
취하고 있는 화환신용장에 비하여 이와 같은 지급청구서류의 특성은 보

---

42) *Dynamics Corp. v. Citizens & Southern Bank*, 356 F.Supp. 991 (1973).

43) *Savage v. First National Bank & Trust Co.*, 413 F.Supp. 447 (1976).

44) *Temtex Products, Inc. v. Capital Bank & Trust Co.*, 788 F.2d 1563 (5th Cir. 1986).

45) *Penn State Construction v. Cambria Savings & Loan Association*, 519 A.2d 1034 (1987).

46) UN Convention Article 19(1).

47) Michael Stern, "The Independence Rule in Standby Letters of Credit", *University of Chicago Law Review*, Vol.52, Winter 1985, p.223.

48) 따라서 보증신용장거래에서 수익자의 제시서류의 정당성은 오로지 수익자의 정직성 및 성실성에 의존할 수밖에 없다. Richard J. Driscol, "The Role of Standby Letters of Credit in International Commerce : Reflection after Iran", *Virginia Journal of International Lawyer*, Vol.20, 1980, p.470.

증신용장거래에서 수익자의 부당한 지급청구를 야기하는 주요한 요인으로 작용하고 있다.49)

2) 부당한 지급청구의 영향

보증신용장거래에서 수익자의 부당한 지급청구가 행해지는 경우 이러한 지급청구는 발행은행과 발행의뢰인에게 중대한 영향을 미치게 된다.

먼저 발행은행의 측면에서 수익자의 지급청구의 부당성의 인지 여부에 따라 상황은 달라질 수 있다. 발행은행이 지급청구의 부당성을 인지하지 못하고 있는 경우 발행은행은 근거계약의 이행이나 위반 또는 서류의 효력에 대해서 면책되므로50) 서류가 보증신용장조건과 일치하는 한 지급청구의 부당성에도 불구하고 발행은행이 선의로 행한 지급은 정당한 지급이행으로 간주된다.51) 따라서 발행은행은 발행의뢰인에게 보증신용장대금의 지급이행에 대한 상환청구권을 가지며, 발행의뢰인은 발행은행의 상환청구에 응하여 보증신용장대금을 상환할 의무를 부담한다.52)

반면에 발행은행이 지급청구의 부당성을 인지하고 있는 경우 서류가 보증신용장조건과 일치한다 하더라도 발행은행은 독자적인 판단에 의하거나 또는 발행의뢰인의 요청에 의한 법원의 금지명령에 따라 지급이행

---

49) 이러한 안전장치가 있음으로 인하여 화환신용장거래에서의 수익자의 부당한 지급청구는 계약물품이 전혀 선적되지 않은 상태에서 지급을 청구하는 경우는 거의 없으며, United Bank, Ltd. v. Cambridge Sporting Goods Corp. [392 N.Y.2d 265 (1979)] 사건과 같이 수익자가 계약물품과 다른 물품 또는 금전적 가치가 떨어지는 물품을 선적하고 계약물품에 대한 지급을 청구하는 경우가 다수를 차지하고 있다.

50) ISP98 Rule 1.08.

51) E. P. Ellinger, "Documentary Credit and Fraudulent Documents", *Current Problems of International Trade Financing*, 1990, p.150.

52) ISP98 Rule 8.01(b).

을 거절할 권리를 가진다.[53] 발행은행이 수익자의 지급청구의 부당성을 인지하고도 지급을 이행하는 경우 이는 발행의뢰인과의 보증신용장발행약정을 위반한 부당한 지급으로서 발행은행은 발행의뢰인에 대한 상환청구권을 상실하게 된다.[54] 따라서 부당한 지급을 행하여 발행의뢰인으로부터 상환을 거절당한 발행은행은 지급금액에 해당하는 손실을 입을 수 있다. 그러나 수익자의 지급청구의 부당성에 대한 의혹은 있으나 명확히 입증되지 않은 경우에는 발행은행은 수익자와의 지급거절에 관한 복잡한 소송을 회피하기 위하여 법원으로부터의 금지명령이 없이 독자적인 결정만으로 수익자에 대한 지급을 거절하지 않으려는 경향을 보이고 있다.[55]

다음으로 수익자의 부당한 지급청구가 행해지는 경우 발행의뢰인은 발행은행에 비하여 불리한 지위에 처하게 된다. 수익자의 지급청구의 부당성이 객관적으로 명확하게 입증되거나 또는 발행의뢰인의 신청에 의하여 법원으로부터 발행은행에 대한 금지명령이 내려지는 경우 발행은행은 수익자의 서류가 보증신용장조건과 일치한다 하더라도 지급을 하지 않을 것이므로 발행의뢰인은 아무런 피해를 입지 않는다.[56]

반면에 지급청구의 부당성이 입증되지 않고 금지명령도 인정되지 않은 상황에서 발행은행이 부당한 지급청구에 대하여 선의로 지급을 이행한 경우 발행의뢰인은 발행은행에 신용장대금을 상환하여야 하므로 발행은행의 지급으로 인한 손실은 발행의뢰인에게 전가되어 발행의뢰인은 손실을 부담하여야 한다. 이러한 경우 발행의뢰인은 발행은행의 지급이

---

53) UN Convention Article 19, 20; UCC 1995, § 5-109.

54) John F. Dolan, *op. cit.*, p.7~95.

55) James G. Barnes, "Defining Good Faith of Letter of Credit Practices", *Loyola of Los Angeles Law Review*, Vol.28, 1994, pp.107~108.

56) John F. Dolan, *op. cit.*, p.9~52.

행의 부당성을 근거로 하여 발행은행에 대한 상환을 거절하는 소송을
제기할 수는 있으나 승소의 가능성은 희박하며, 발행의뢰인이 취할 수
있는 최선의 구제방법은 담보(warranty)의 위반을 근거로[57] 수익자에
대한 소송을 제기하여 발행은행에 상환한 신용장대금의 회복을 구하여
야 한다.[58]

2. 발행은행의 과도한 위험부담

1) 지급청구서류의 특성에 기인하는 위험

보증신용장거래에서의 지급청구서류의 특성으로 인하여 보증신용장의
발행은행은 화환신용장의 발행은행에 비하여 큰 위험에 노출된다. 화환신
용장거래에서 수익자의 지급청구를 위하여 발행은행에 제시되는 대표적
인 서류인 선화증권(bills of lading: B/L)은 권리증권(document of title)
으로서 선화증권의 제공으로 인하여 발행은행은 발행의뢰인의 상환 이전
에 물품에 대한 권리를 취득하게 된다.[59] 이후 발행은행이 수익자에게 지
급한 신용장대금의 상환을 발행의뢰인이 거절하는 경우 발행은행은 선화
증권의 점유를 통하여 물품에 대한 권리를 주장할 수 있으며,[60] 발행의뢰
인의 지급불능 등의 사유로 인하여 수익자에게 지급된 신용장대금의 상

---

57) UCC 1995, § 5-110.

58) James G. Barnes & James E. Byrne, "Letters of Credit: 2002 Cases", *The Business Lawyer*, Vol.58, August 2003 p.1615; Richard F. Dole, Jr., "Warranties by Beneficiaries of Letters of Credit under Revised Article 5 of the UCC : The Truth and Nothing but the Truth", *Houston Law Review*, Vol.39, Summer 2002, p.401.

59) Paul Todd, *Bills of Lading and Banker's Documentary Credits*, Lloyd's of London Press, Ltd., 1990, p.6.

60) Michael Stern, *op. cit.*, p.223.

환이 실질적으로 불가능해지는 경우 발행은행은 선화증권을 현금화하여 취득된 물품의 매각대금으로 수익자에게 지급된 신용장대금을 보전할 수 있게 된다.

　반면에 보증신용장거래의 경우 건설공사의 미완공 또는 대출금에 대한 미상환 등의 발행의뢰인의 불이행을 다루고 있으므로 그러한 거래 자체로부터 파생되는 담보의 형태가 존재하지 않는다. 보증신용장거래에서 제시되어야 하는 지급청구서류인 불이행진술서는 권리증권이 아니며 금전적 가치도 가지지 않으므로 서류의 매각을 통하여 현금화할 수 없기 때문에 부당한 지급을 행한 발행은행은 지급된 신용장대금에 해당하는 손실을 자신이 부담하여야 한다.[61] 따라서 서류를 통한 담보이익(security interest)을 가지지 못하는 발행은행은 수익자에게 신용장대금을 지급한 이후 발행의뢰인과의 보증신용장발행약정에 따른 발행의뢰인의 상환에 의존할 수밖에 없다.[62]

　이에 대하여 *Exxon Co. U.S.A. v. Banque de Paris et des Pays-Bas* 사건[63]에서 법원은 "보증신용장의 발행은행은 상거래에서 물품을 표창하는 서류를 소지하지 않으므로 발행의뢰인에 의한 상환의 담보로서 그러한 서류에 의존할 수 없다. 그러므로 발행은행은 발행의뢰인의 경제적 능력 및 신용장발행을 위한 담보에 전적으로 의존하여야 한다."(Because the issuer of a standby credit does not hold documents representing goods in a commercial transaction, it cannot look to those documents as security for repayment by its customer. Therefore, the issuer must look solely to the financial strength of its customer and whatever security it has for issuance of the credit.)라고 보증신용장의 발

---

61) Richard J. Driscol, *op. cit.*, p.469.
62) 박석재, 전게논문, 93면.
63) 828 F.2d 1121 (5th Cir. 1987).

행은행이 부담하는 위험에 관하여 판시하고 있다. 이와 같이 보증신용장의 발행은행은 권리증권을 취득할 수 없고 발행의뢰인의 상환약정에 의존하여 야 하므로 화환신용장의 발행은행에 비하여 큰 위험을 부담하게 된다.

2) 발행의뢰인의 상환능력 부족에 기인하는 위험

보증신용장의 발행은행은 발행의뢰인의 상환능력과 관련하여 화환신용장에 비하여 불리한 입장에 처하면서 발행의뢰인의 상환에 대한 위험을 부담하게 된다. 화환신용장거래에서 발행은행의 지급이행은 근거계약의 정상적인 이행을 의미하므로 발행의뢰인은 계약물품의 입수를 위하여 발행은행에 지급된 신용장대금의 상환을 하고자 한다. 반면에 보증신용장거래에서 발행은행의 지급이행은 근거계약에 따른 의무를 발행의뢰인이 불이행하였다는 것을 의미하며, 이는 동시에 발행의뢰인이 발행은행에 대한 상환의무를 이행하지 못할 상태에 있음을 의미한다.[64] 즉, 발행의뢰인이 충분한 경제적 능력을 가지고 있다면 근거계약에 따른 의무를 이행하였을 것이고 수익자에 의한 지급청구는 발생하지 않을 것이므로 발행은행이 수익자에 대한 지급을 이행한 경우 발행의뢰인은 발행은행에 대한 상환능력이 부족하며 상환 자체에도 부정적인 입장을 보일 것이다.

이러한 경우 발행은행은 지급불능 상태에 있는 발행의뢰인으로부터 상환을 받기는 어려울 것이며, 특히 발행의뢰인의 파산으로 인하여 근거계약의 불이행이 야기된 경우 발행은행이 사전에 충분한 담보를 확보해 놓지 않았다면 발행은행은 지급이행에 부담을 가질 수밖에 없다.[65] 실

---

64) Henry Harfield, "Guaranties, Standby Letters of Credit, and Ugly Ducklings", *Uniform Commercial Code Law Journal*, Vol.26, 1994, p.201.

65) 고중현, 전게논문, 37면.

제로 발행의뢰인이 파산한 경우 발행은행의 지급의무를 부정하는 사례도 있으나66) 대부분의 법원은 신용장의 독립성의 원칙에 따라 발행은행에 지급의무를 이행할 것을 판결하고 있으므로67) 발행은행은 수익자에게 신용장대금을 지급한 이후 발행의뢰인의 파산채권자의 지위에서 파산관재인에게 상환을 청구하여야 하나 파산재단으로부터 신용장대금의 정상적인 상환을 기대하기는 힘들다.68)

따라서 화환신용장의 경우 발행의뢰인은 상환능력이 있으며 상환을 위한 열의를 가지고 있는 반면에 보증신용장의 경우 발행의뢰인은 상환능력이 부족하고 상환을 위한 열의도 가지고 있지 않으므로 보증신용장의 발행은행은 화환신용장에 비하여 위험부담이 크다고 할 수 있다.69) 실제로 미국 샌디에고의 연방은행 지점(United States National Bank of San Diego)이 약 미화 9천만 달러에 달하는 다수의 보증신용장을 발행한 결과 계속되는 지급청구로 인한 유동성 위기를 극복하지 못하고 1973년 10월 18일 파산하여 미국 금융업계에 큰 충격을 준 사례도 있었

---

66) *American Bank v. Leasing Service Corp.* 〔55 Bankr. 157 (Bankr. S. D. Fla. 1985)〕 사건에서 법원은 발행의뢰인의 파산으로 보증신용장을 무효화하는 판결을 내렸다. 또한 화환신용장에 관한 사례인 *Twist Cap, Inc. v. Southwest Bank* 〔1 Bankr. 284 (Bankr. D. Fla. 1979)〕 사건에서 법원은 발행의뢰인의 파산에 대하여 발행은행의 지급거절을 허용하였으나, 이는 항소심에서 번복되었다. 이 사건의 판결은 신용장의 특성을 무시한 사례로 많은 비판을 받고 있다.

67) Laura B. Bartell, "The Lease Cap and Letters of Credit: A Reply to Professor Dolan", *Banking Law Journal*, October, 2003, p.832; David Gray Carlson & William H. Widen, "Letters of Credit, Voidable Preference, and the Independence Principle", *The Business Lawyer*, Vol.54, 1999, pp.1661~1662.

68) 발행의뢰인이 파산한 이후 발행은행이 지급한 신용장대금에 대한 상환의 여부는 사전에 발행의뢰인이 발행은행에 예치해 놓은 담보의 여부와 파산재단의 경제적 상황 등에 따라 달라질 수 있다. 이상훈, "신용장거래에서 당사자의 파산과 그 효과에 관한 연구", 「무역학회지」, 한국무역학회 제25권 제2호, 2000. 6. 16~19면 참조.

69) 박석재, 전게논문, 95면.

다.[70] 이러한 영향으로 미국의 은행들은 보증신용장의 발행을 대출과 동일하게 취급하고 있어[71] 보증신용장으로 인한 발행은행의 과도한 위험부담을 단적으로 증명하고 있다.

Ⅳ. 지급이행상의 문제점에 대한 대응방안

1. 부당한 지급청구에 대한 대응방안

1) 지급청구 이전의 사전적 대응방안

예방이 최선의 치료(Prevention is better than cure)라는 격언이 있듯이 수익자의 부당한 지급청구라는 문제도 그 발생을 사전에 차단할 수 있다면 이는 최선의 대응방안이 될 수 있다. 수익자에 의한 부당한 지급청구를 완벽하게 예방한다는 것은 현실적으로 불가능하겠지만 발행은행 및 발행의뢰인이 수익자에 의한 부당한 지급청구의 발생 가능성에 대한 위험을 인식하고[72] 적극적으로 대응방안을 강구한다면 부당한 지급청구를 최소화시킬 수 있다.

수익자의 부당한 지급청구를 예방하기 위하여 다음과 같은 방안들을

---

70) Paul R. Verkuil, "Bank Solvency and Standby Letters of Credit : Lessons from the USNB Failure", *Tulane Law Review*, Vol.53, 1979, p.315.

71) 대부분의 미국 은행들은 신용장발행에 따르는 채무액의 산정에 있어서 신용장을 금융목적의 보증신용장, 계약의무이행을 위한 보증신용장 및 화환신용장으로 구분하여 각각의 신용장금액의 100%, 50% 및 20%에 해당하는 금액에 발행의뢰인의 신용도를 곱한 금액을 은행의 채무액으로 평가하고 있어 금융목적의 보증신용장의 경우 대출과 동일하게 평가하고 있음을 알 수 있다. Neal S. Millard & Brian W. Semkow, "The New Risk-based Capital Framework and its Application to Letters of Credit", *Banking Law Journal*, Vol.106, 1989, pp.509~514.

72) Stephen J. Pearlman, *op. cit.*, p.28.

생각해 볼 수 있다.

첫째, 보증신용장에 특수조건(special condition)을 삽입하는 방안이 있다. 이러한 목적에 가장 적합한 특수조건으로는 지급청구고지조항(Notice of Demand Clause)을 들 수 있다. 지급청구고지조항이란 수익자가 지급청구 이전에 보증신용장에 설정된 통지기간[73] 이내에 지급청구의 의사를 발행의뢰인에게 통지하여야 한다는 조건으로 지급청구서류에는 이러한 통지행위의 이행을 입증할 수 있도록 발행의뢰인에 대한 사전통지서의 사본이 포함되어야 한다.[74] 이러한 조항의 삽입은 발행의뢰인에게 수익자의 지급청구의 정당성 여부를 지급청구 이전에 확인하는 시간을 제공함으로써 부당한 지급청구에 대하여 지급금지명령의 신청 등의 대응방안을 강구할 수 있는 기회를 부여하는 효과를 가진다.[75]

지급청구고지조항 이외에 취소조항(Cancellation Clause)을 사용하는 방안이 있다. 보증신용장에 취소조항이 삽입되는 경우 특정한 사태의 발생에 대하여 발행은행에 보증신용장을 취소시킬 수 있는 권한이 부여된다. 또한 발행의뢰인이 특정사태의 발생을 기재한 증명서를 제시하는 경우 발행은행이 보증신용장을 취소할 수 있도록 정하고 있어 수익자는 취소조항의 삽입에 대하여 강력히 반대하고 있다.[76] 취소조항은 취소불능의 보증신용장을 실질적으로 취소가능으로 만드는 결과를 야기하여 보증신용장의 신뢰성을 저해할 수 있는 모순적인 조건으로 바람직한 것은 아니다.

---

73) 이러한 통지기간은 수익자의 지급청구 이전에 발행의뢰인이 수익자의 지급청구에 관한 조사를 수행하고 대응방안을 강구할 수 있을 정도의 기간이어야 하므로 지급청구일 이전의 5일에서 10일 정도로 설정하는 것이 바람직하다.

74) Richard J. Driscol, *op. cit.*, p.499.

75) 고중현, 전게논문, 153면.

76) E. P. Ellinger & John Barry, "Use of Letters of Credit and Bank Guarantees in the Insurance Industry", *International Business Lawyer*, Vol.6. 1978, p.639.

둘째, 수익자의 지급청구서류의 요건을 강화하는 방안을 들 수 있다. 즉, 일반적인 보증신용장조건에서 요구되는 수익자에 의한 지급청구서류 대신에 지급청구서류 가운데 최소한 하나 이상의 수익자가 아닌 제3자에 의하여 작성되는 서류를 요구하는 방안이다.[77] 특히 독립적인 제3자에 의하여 발행되는 불이행증명서를 요구하는 경우 이는 화환신용장에서 사용되는 검사증명서와 유사한 기능을 수행하여 불이행에 대한 중립적인 확인기능이 결여된 보증신용장의 단점을 보완하여 발행은행 및 발행의뢰인을 보호할 수 있게 된다.[78] 또한 발행의뢰인 또는 발행은행에 의하여 작성되는 서류를 지급청구서류로 요구하는 방안도 생각해 볼 수 있다. 이러한 서류를 요구하는 경우 불이행에 관한 사실을 잘 알고 있는 발행의뢰인이나 발행은행에 의하여 서류가 작성됨으로써 수익자의 독단에 의한 부당한 지급청구의 가능성을 원천봉쇄할 수 있으나, 수익자에게는 보증신용장에 따른 지급의 안전성에 문제가 생기는 것이므로 예외적인 경우를 제외하고[79] 이러한 조건을 수용하지는 않을 것이다.[80]

한편, 제3자에 의한 지급청구서류에 수익자가 동의하지 않아 수익자에 의하여 작성되는 서류를 요구하는 경우에도 불이행진술서의 내용을 최대한 상세하게 기재하여 지급청구를 위한 근거를 상술할 수 있도록 요구하는 것도 하나의 방안이 될 수 있다.[81] 특히 수익자의 서류를 공증하도록 요구하

---

77) E. P. Ellinger & John Barry, *op. cit.*, p.639.

78) George Weisz & Jonathan I. Blackman, "Standby Letters of Credit after Iran: Remedies of the Account Party", *University of Illinois Law Review*, Vol.24, 1982, p.379.

79) 예외적인 경우란 예를 들어, 본국의 모회사와 외국의 자회사 또는 해외현지법인 간의 거래와 같이 수익자가 발행의뢰인을 전적으로 신뢰할 수 있는 경우라 할 수 있다.

80) Richard J. Driscol, *op. cit.*, p.502.

81) 반면에 이러한 방안을 이용하는 경우 수익자의 서류작성 및 발행은행의 서류심사에 있어서의 부담이 증가할 수 있으며, 서류의 일치성에 관하여 수익자 및 발행

거나 정식 문서화시키도록 요구한다면 그 효과는 보다 커질 것이다.[82)]

셋째, 불가항력조항(Force Majeure Clause)을 이용하는 방법이 있다. 이는 불가항력조항을 신용장에 삽입하는 것이 아니라 불가항력 사태가 발생할 경우 보증신용장의 취소 또는 의무의 이행면제를 규정한 조항을 수익자와 발행의뢰인 간의 근거계약서에 삽입하는 것이다.[83)] 근거계약에 이러한 불가항력조항을 삽입한다면 발행의뢰인은 보증신용장에 대한 통제권을 어느 정도 확보하게 되어 수익자의 부당한 지급청구를 사전에 예방할 수 있는 보호수단이 될 수 있다.[84)] 특히 이러한 불가항력조항은 과거의 이란사태와 같은 유형의 대규모의 불가항력이 발생할 경우 수익자의 부당한 지급청구를 방지하는 효율적인 수단이 될 수 있다.

한편 보증신용장 또는 근거계약에 특수조건을 삽입시키는 방법 이외에 사전적 대응방안으로 발행은행은 발행하고자 하는 보증신용장의 금액이 상당히 클 경우 보증신용장금액을 분할하여 유효기일이 순차적인 여러 개의 보증신용장을 연속적으로 발행하는 방법을 취할 수 있다.[85)] 이러한 경우 발행된 보증신용장금액이 상대적으로 감소됨으로써 수익자의 부당한 지급청구가 행해진다 하더라도 그에 따른 피해를 최소화시킬 수 있게 되며, 또한 부당한 지급청구 이후에는 예정된 보증신용장의 발

의뢰인과의 분쟁이 발생할 가능성이 높다는 부작용이 있을 수 있다.

82) George Kimball & Barry A. Sanders, "Preventing Wrongful Payment of Guaranty Letters of Credit - Lessons from Iran", *The Business Lawyer*, Vol.39, 1984, pp.436~437.

83) *American Bell International Inc. v. Manufactures Hanover Trust* 〔474 F.Supp. 420 (S.D.N.Y. 1979)〕 사건에서 법원은 보증신용장 자체에 불가항력조항을 삽입하여야 한다고 제안하였으나, 서류거래의 특성에 따라 서류심사만을 수행하는 발행은행의 관점에서 보증신용장거래에 불가항력을 적용시키는 것은 다소 무리가 있다.

84) George Weisz & Jonathan I. Blackman, *op. cit.*, p.379.

85) Read H. Ryan, "Letters of Credit Supporting Debt for Borrowed Money: The Standby as Backup", *Banking Law Journal*, Vol.100, 1983, p.421.

행을 중단하여 추가적인 피해의 발생을 막을 수 있다.

 이러한 사전적 대응방안은 발행은행 및 발행의뢰인을 보호하기 위한 방안이므로 수익자는 불리한 입장에 처해질 수 있기 때문에 반발할 가능성이 크다. 발행의뢰인이 수익자와의 협의를 통하여 사전적 대응방안을 보증신용장거래에 도입시킨다면 부당한 지급청구의 방지에 상당한 효과를 가질 수 있으나 근거계약에서 채무자의 지위에 있는 발행의뢰인의 협상능력을 고려한다면 사전적 대응방안은 현실적으로 실행되기 어려운 점이 있는 것 또한 사실이다.

2) 지급청구 이후의 사후적 대응방안

 보증신용장거래에서 수익자의 부당한 지급청구서류가 행해진 경우 지급청구서류가 신용장조건과 일치하지 않는다면 발행은행은 지급의무를 부담하지 않으므로 아무런 문제가 발생하지 않는다.[86] 따라서 신용장조건과 일치하는 부당한 지급청구가 행해지는 경우 문제가 발생하게 되는데, 이러한 경우 발행은행 및 발행의뢰인이 피해를 입지 않을 수 있는 가장 확실한 방안은 수익자에게 신용장대금을 지급하지 않는 것이다.[87] 수익자의 부당한 지급청구에 대한 발행은행의 지급거절은 발행은행의 독자적 결정에 의한 지급거절과 법원의 금지명령에 따른 지급거절로 나눌 수 있으며 관련법규에서도 이러한 두 가지 유형의 지급거절을 인정하고 있다.[88]

---

86) 고중현, 전게논문, 27면.

87) 이를 소위 신용장거래에서의 사기원칙(fraud rule)이라 하며, 이는 발행은행 또는 법원에게 독립성의 원칙을 넘어서 일치서류의 이면에 존재하는 사실에 대한 심사를 허용하여 부당한 지급청구에 대한 지급을 금지시키는 것이라 할 수 있다. Gao Xiang & Ross P. Burkley, "The Development of the Fraud Rule in Letter of Credit Law: The Journey so far and the Road ahead", *Journal of International Economic Law*, Vol.23, Winter 2002, pp.663~664.

먼저 수익자의 지급청구에 있어서의 부당성을 인지한 발행은행은 자행의 독자적 결정에 의하여 서류가 신용장조건과 일치한다 하여도 지급이행을 거절할 수 있다.[89] 이러한 경우 발행은행의 지급거절은 선의에 의한 지급거절이어야 한다. 발행은행의 독자적 결정에 의한 지급거절이 선의에 의한 지급거절로 인정받으려면 발행은행은 수익자의 지급청구의 부당성을 입증하여야 하며,[90] 이러한 입증에 실패한다면 그러한 지급거절은 부당한 지급거절이 되어 발행은행은 그에 따른 모든 책임을 부담하여야 한다.[91] 또한 이러한 지급거절은 발행은행의 권리이며, 발행의뢰인에 대한 의무가 아니므로, 발행의뢰인이 지급청구의 부당성을 주장하면서 지급거절을 요청하는 경우에도 발행은행은 법원의 지급금지명령이 없는 한 이러한 요청에 무조건적으로 응할 의무는 없다.[92]

실제의 보증신용장거래에 있어서 발행은행은 독자적 결정에 의한 지급

---

88) 유엔협약 및 미국 통일상법전에서는 수익자의 부당한 지급청구에 대한 발행은행의 지급거절을 명시적으로 규정하고 있다(UN Convention Article 19, 20; UCC 1995, § 5-109). 반면에 보증신용장통일규칙에서는 이에 관하여 아무런 규정을 두지 않고 그 해결을 준거법에 위임하는 형태를 취하고 있다(ISP98 Rule 1.05).

89) UN Convention Article 19(1); UCC 1995, § 5-109(a)(2). 유엔협약의 경우 발행은행이 지급을 거절할 권리가 아니라 지급을 보류할 권리(right to withhold payment)를 가진다고 규정하고 있는데, 이는 일단 지급을 보류한 이후에 정당한 법적절차에 따라 지급을 거절하게 하는 이중의 안전장치를 통하여 발행은행의 자의적인 지급거절권의 남용을 막기 위한 의도로 생각된다. 또한 미국통일상법전의 경우 선의로 행동하는 발행은행의 경우 지급이행에 관한 선택권을 가진다고 규정하여 지급이행의 여부에 관한 재량권을 행사할 수 있다.

90) James G. Barnes & James E. Byrne, "Letters of Credit: 1998 Cases", *The Business Lawyer*, Vol.54, 1999, p.1896.

91) *Esso Petroleum Canada v. Security Pacific Ban* [710 F.Supp. 275 (D. Or. 1989)] 사건에서 법원은 독자적으로 수익자에 대한 지급을 거절한 발행은행에 대하여 패소판결을 내리고 징벌적 손해배상을 제외하고 수익자가 요구한 손해배상청구를 인정하였다.

92) American Law Institute, *UCC Revised Article 5 Letters of Credit*, 1995, Article 5-109, Official Comments 2.

거절권을 적극적으로 행사하지는 않을 것이다. 왜냐 하면, 수익자의 지급청구의 부당성에 대한 입증은 현실적으로 쉬운 일이 아니며, 그러한 입증에 실패하는 경우 결과적으로 일치서류에 대하여 부당한 지급거절을 행한 것이 되어 발행은행의 신용에 부정적인 영향을 주게 될 것이기 때문이다.[93]

다음으로 발행은행은 법원의 지급금지명령(injunction)[94]에 의하여 수익자에 대한 지급을 거절할 수 있다.[95] 이러한 지급금지명령은 원칙적으로 발행의뢰인에게 인정된 구제수단으로서 발행은행에 수익자의 지급청구의 부당성을 통지하였음에도 불구하고 발행은행이 지급을 이행하려고 하는 경우 지급을 금지시키기 위하여 발행의뢰인은 법원에 금지명령을 신청하게 된다.[96] 발행의뢰인의 신청에 따라 관할법원이 지급청구의 부당성을 인정하여 발행은행에 지급금지명령을 내린다면 발행은행은 독자적 결정이 아닌 법원의 합법적인 명령에 의하여 수익자에 대한 지급을 거절할 수 있으므로 발행은행은 아무런 책임을 부담하지 않고 수익자의 부당한 지급청구에 의한 피해를 예방할 수 있게 된다.[97] 단 법원에 의한 일시적 제한명령(temporary restraining order: TRO)이 내려지는 경우 이는 수익자에 대한 지급을 영구적으로 금지시

---

93) 김순자, "스탠드바이 신용장거래에서 사기서류배제원칙의 적용에 관한 연구", 박사학위논문, 성균관대학교 대학원, 1998, 131면.

94) 'injunction'이란 형평법에 따른 구체수단으로서 수명자(受命者)에게 일성한 행위의 이행을 요구하거나 금지하는 법원의 명령으로 그 허용 여부는 법원의 재량에 속한다. 한국의 경우 'injunction'이라는 용어를 금지명령, 유지명령, 차지명령, 정지명령 등으로 번역하고 있는데, 본고에서는 보증신용장거래에서 수익자에 대한 지급을 금지하는 명령을 의미하므로 지급금지명령이라고 번역하였다.

95) UN Convention Article 20; UCC 1995, § 5-109(b).

96) 김순자, 전게논문, 134~135면.

97) *Brenntag International Chemicals, Inc. v. Norddeutsche Landesbank GZ* (70 F.Supp.2d 399 (1999)) 사건에서 법원은 수익자의 지급청구서류에 허위의 사실이 기재되어 있음을 근거로 하여 발행의뢰인이 신청한 지급금지명령을 허용하였다.

114

키는 것이 아니라 단기간 동안 유예시키는 것이며, 발행은행은 향후 지
급금지명령이 받아들여지지 않을 가능성도 있으므로 유의하여야 한다.98)

2. 발행은행의 위험감소 방안

1) 발행의뢰인으로부터의 상환 보장

보증신용장거래에서 발행은행이 부담하는 위험의 핵심은 상환능력과
관련하여 재정적인 문제가 발생한 발행의뢰인으로부터 수익자에게 지급
한 신용장대금의 정상적인 상환 이행의 가능성이라 할 수 있다. 따라서
발행의뢰인으로부터의 상환을 확실하게 보장받을 수 있는 방안을 강구
한다면 보증신용장거래에서 발행은행의 위험은 존재하지 않게 된다.

발행의뢰인에 의한 상환의 불확실성을 제거하는 하나의 방안으로 발행
은행은 보증신용장의 발행에 따른 발행의뢰인의 불확정상환채무를 담보
하기 위하여 현금부담보계정으로 현금을 납입하도록 요구할 수 있다.99)
발행의뢰인이 현금을 납입하는 경우 발행은행은 납입된 현금으로 수익자
에게 지급된 신용장대금을 보전할 수 있으므로 상환불능의 문제는 발생
하지 않게 된다.100) 그러나 발행의뢰인이 현금을 보유하고 있지 않거나
현금부담보계정으로의 현금의 납입을 거절하는 경우 이러한 방안은 아무
런 효과가 없다. 또한 현금이 납입되었다 하더라도 발행의뢰인이 파산하

---

98) *Synergy Center, Ltd. v. Lone Star Franchising, Inc.* 〔63 S.W.2d 561 (Tex.
App. 2001)〕 사건에서 법원은 발행의뢰인의 신청에 의하여 발행은행에 일시
적 제한명령을 내렸으나 이후 지급금지명령은 허용하지 않았으며 발행은행의
지급이행을 판결하였다.

99) Read H. Ryan, *op. cit.*, p.414.

100) *In re Ben Franklin Retail Store, Inc.* 〔202 B.R. 955 (Bankr. N.D.Ill. 199
6)〕 사건에서 법원은 발행은행이 보유한 담보는 파산한 발행의뢰인의 다른 채
무의 변제에 사용할 수 없음을 판시하였다.

는 경우 현금부담보계정에 납입된 현금은 파산한 발행의뢰인의 파산관재인(trustee in bankruptcy)[101]에 의하여 파산재단의 일부로서 보증신용장대금의 상환 이외의 다른 용도로 사용될 가능성이 있어[102] 이러한 방안은 적절하지 않을 수 있다.

발행은행에 보다 안전한 방안은 발행의뢰인에게 보증신용장의 발행에 따른 불확정상환채무를 선급하도록 요구하는 것이다. 발행의뢰인이 이러한 요구에 응하여 신용장대금을 선급하는 경우 향후 발행의뢰인이 파산하여 파산관재인이 선급된 신용장대금의 반환을 요구하는 경우에도 발행은행이 보유하고 있는 신용장대금은 보증신용장의 지급을 위한 특별한 목적의 예금으로 인정되어 파산한 발행의뢰인의 다른 채무의 변제에 사용할 수 없도록 하고 있으므로[103] 발행은행은 상환을 보장받을 가능성이 커지게 된다.

2) 다른 은행의 참여를 통한 위험 분산

발행은행의 입장에서 보증신용장 발행에 따르는 위험에 대처할 수 있는 방안으로 다른 은행의 참여를 통하여 위험을 공동으로 분담하는 방안이 있다. 즉, 보증신용장거래에 다른 은행을 참여시킴으로써 위험이 분산되는 효과를 가질 수 있어 발행은행이 부담하는 위험은 감소된다. 또한 미국의 경우 이러한 방안은 관계법령에 의하여 보증신용장의 발행에 있어서 대부한도의 제한을 받고 있으므로 이를 회피하기 위한 목적으로 사용되기도 한다.[104]

---

101) 파산관재인이란 채권자에의 공평한 분배를 위해 수탁자로서 파산자소유 재산에 대한 권원의 포괄적 이전을 받은 사람 또는 파산재단의 대표자를 의미하며 통상적으로 파산관재인은 파산자가 가진 모든 권리와 의무를 승계하게 된다.

102) David Gray Carlson & William H. Widen, op. cit., p.1735.

103) James G. Barnes & James E. Byrne, "Letters of Credit: 1996 Cases", The Business Lawyer, Vol.52, 1997, p.1559.

104) 12 C.F.R. 7.1160 (1982).

116

발행은행의 위험 분산 방안을 세분화하면 다음과 같은 세 가지 유형으로 구분된다.

첫째, 다른 은행에 보증신용장의 참여권(participations)을 매도하는 방법이 있다.[105] 이는 발행은행과 참여은행과의 참여약정(participation agree-ment)의 체결에 따라 보증신용장의 참여권을 상호간에 양도·양수하는 방법으로 이루어진다. 이러한 참여협정에 따라 발행은행이 수익자에게 신용장대금을 지급한 이후에 발행의뢰인으로부터 상환받지 못하였을 경우 참여은행은 자신이 부담하여야 할 금액을 발행은행에 지급하여야 하고, 발행의뢰인이 상환을 이행하였을 경우 발행은행은 참여은행에 일정금액을 지급하게 된다. 이러한 참여약정은 발행은행과 참여은행 간의 문제로서 수익자와 발행은행 간의 권리·의무 및 발행은행과 발행의뢰인 간의 권리·의무에는 영향을 미치지 않으므로 수익자 및 발행의뢰인과는 무관하다.[106] 한편, 참여권의 매도에 따른 참여은행의 지위는 재보증신용장을 발행한 은행의 지위와 동일하다고 볼 수 있다.[107]

둘째, 재보증신용장(back-up standby credit)을 이용하는 방법이 있다. 재보증신용장이란 보증신용장의 발행의뢰인과의 상환약정에 따라 재보증은행(back-up bank)이 보증신용장의 발행은행을 수익자로 하여 발행은행에 보증신용장의 수익자에게 지급된 신용장대금의 상환을 보증하는 신용장을 말한다. 발행은행의 경우 참여권의 매도보다는 재보증신용장의 사용을 선호하는데 이는 원래의 보증신용장의 발행금액이 발행은행이 아닌 재보증은행의 대부한도에 포함되므로 발행은행은 대부한도의 제한을 받지

---

105) 보증신용장통일규칙에서는 발행은행의 참여권의 매도에 관하여 규정하고 있으나 참여권의 매도가 가능하다는 기본적인 사항만을 규정하고 있을 뿐이며 세부사항은 준거법에 일임하고 있다. ISP98 Rule 10.02.

106) James E. Byrne, *op. cit.*, pp.306~307.

107) Read H. Ryan, *op. cit.*, p.418.

않게 되기 때문이다. 또한 재보증은행의 입장에서도 재보증신용장의 경우 발행의뢰인과의 상환약정에 따라 발행의뢰인의 입금계좌에 대한 상계권을 행사할 수 있는 반면에 참여권을 이용하는 경우 참여은행과 발행의뢰인 간 에는 아무런 계약관계가 존재하지 않게 되어 상계권을 가지지 못하며 특히 발행은행이 파산하는 경우 계약관계가 없는 발행의뢰인에 대한 상환청구 에 어려움이 있으므로 재보증신용장의 사용이 보다 유리할 수 있다.[108]

셋째, 다수 은행이 공동으로 보증신용장을 발행하는 방법을 들 수 있 다.[109] 이러한 공동발행보증신용장(syndicated standby credit; multibank stand- by credit)은 수익자에 대한 지급의무를 공동으로 부담함으로써 개 별 발행은행의 채무를 제한함으로 인하여 위험을 감소시킬 수 있게 된다.

공동발행보증신용장은 발행방식과 지급청구방식에 따라 몇 가지 유 형이 있는데 먼저 'separate standby credit'은 공동발행은행들이 자기 에게 할당된 금액에 대하여 개별적으로 보증신용장을 발행하고 수익자 도 각각의 공동발행은행에 대하여 개별적으로 지급청구를 하는 유형을 말한다. 이러한 유형은 다수의 보증신용장이 발행되는 등 절차가 복잡 하다는 단점을 가지고 있으며,[110] 특히 수익자는 개별적 지급청구에 따른 불편함으로 인하여 이러한 보증신용장을 기피하는 경향이 있다. 다음으로 'master standby credit'은 공동발행은행들이 함께 서명한 하나 의 보증신용장을 발행하는 유형이다. 이러한 보증신용장에는 공동발행은 행들이 개별적으로 부담하는 금액이 표시되며 수익자는 개별 공동발행 은행의 부담금액에 따라 지급청구서류를 개별적으로 작성하여야 한

---

108) *Ibid*, pp.418~420.

109) 보증신용장통일규칙에서는 참여권의 매도에 관한 규정과 동일하게 공동발행 보증신용장에 관하여도 수익자의 서류제시에 관한 기본적인 사항만을 규정 하고 있을 뿐이며 세부사항은 준거법에 일임하고 있다. ISP98 Rule 10.01.

110) 이러한 유형의 보증신용장에는 일반적으로 3개 이하의 은행이 발행은행으로 참여하고 있다.

다.[111] 한편 'agented standby credit'이 있는데, 이는 공동발행은행들이 자신들을 대리하는 대리은행(agent bank)을 선정하여 수익자에 대한 지급과 발행의뢰인에 대한 상환 등의 보증신용장에 관한 모든 업무를 총괄하게 하는 신용장이다. 따라서 수익자는 대리은행에만 지급청구서류를 제시하고 대리은행은 다른 공동발행은행에 통지하여 대리은행을 통하여 수익자에게 지급을 이행하게 되므로 다른 유형의 공동발행보증신용장의 단점을 보완한 것으로서 수익자의 입장에서는 가장 편리한 유형이라 할 수 있다.[112]

V. 결 언

보증신용장거래에서 수익자의 지급청구와 그에 따른 발행은행의 지급이행의 특성을 분석한 결과 보증신용장은 형식적인 면에서의 유사수단인 화환신용장 및 기능적인 면에서의 유사수단인 은행 보증서와는 다른 고유의 특성을 가지고 있다. 수익자의 지급청구권은 화환신용장과 달리 발행의뢰인이 수익자에 대한 근거계약상의 채무를 불이행한 경우에만 발생되며, 수익자의 지급청구서류는 수익자에 의하여 작성되는 불이행진술서로서 권리증권이 아니며 정형화되어 있지 않고 금전적 가치도 가지지 않는다. 이러한 지급청구의 특성으로 인하여 수익자의 지급청구에 대한 지급이행의 여부를 결정하기 위한 서류심사에 있어서 발행은행은 화환신용장거래에 비해서 보다 엄격한 입장에서 엄밀일치에 따라 서류를

---

111) 이러한 유형의 보증신용장에는 수익자가 지급청구서류를 제시할 은행을 명시하여야 하나 이러한 명시가 없을 경우 수익자는 임의로 어떠한 발행은행에도 지급청구서류를 제시할 수 있다. James E. Byrne, *op. cit.*, pp.304~305.

112) Read H. Ryan, *op. cit.*, p.421.

심사하고자 하며, 사소한 불일치에 대해서도 지급이행을 거절하려는 경향을 보이게 된다.

보증신용장거래에서 발행은행의 지급이행에 있어서의 문제점으로 수익자의 부당한 지급청구 및 발행은행의 과도한 위험부담을 들 수 있다. 이러한 문제점은 화환신용장의 경우에도 적용되나 보증신용장의 특성으로 인하여 화환신용장에 비하여 심각한 문제가 되고 있다. 보증신용장거래는 제3자가 아닌 수익자가 발행하는 불이행진술서가 요구되므로 독립성의 원칙을 악용하는 수익자에 의한 부당한 지급청구의 가능성이 크며, 발행의뢰인의 불이행에 근거한 수익자의 지급청구는 발행의뢰인의 재정적 문제를 반영하는 것이므로 발행은행은 지급된 신용장대금에 대한 발행의뢰인의 정상적인 상환을 기대하기 어려우며, 이러한 경우 화환신용장과는 달리 수익자의 지급청구서류를 이용하여 신용장대금을 회복할 수도 없다.

이러한 보증신용장거래에서 발행은행의 지급이행에 있어서의 문제점에 대하여 다음과 같이 대응방안을 제시할 수 있다.

먼저 수익자의 부당한 지급청구에 대한 사전적 대응방안으로 보증신용장에 지급청구고지조항 또는 취소조항을 삽입하는 방법, 지급청구서류의 요건을 강화하여 수익자 이외의 제3자에 의하여 발행된 서류를 요구하는 방법 및 근거계약에 불가항력조항을 삽입하는 방법 등을 강구할 수 있으나 근거계약에서 채무자의 지위에 있는 발행의뢰인의 상황을 고려한다면 사전적 대응방안은 현실적으로 실행되기 어렵다.

사후적 대응방안으로는 수익자에 대한 지급을 거절하는 것이 가장 안전한 방안으로 발행은행이 독자적으로 지급을 거절하거나 또는 발행의뢰인의 신청에 의한 법원의 금지명령에 따라 지급을 거절할 수 있다. 그러나 실제로 발행은행은 법원의 금지명령이 없다면 신용저하의 가능성을 우려하여 독자적 결정만으로는 지급을 거절하지 않으려는 경향이 있다.

　다음으로 발행은행의 과도한 위험부담의 문제에 있어서 대응방안으로 발행의뢰인으로부터의 상환을 보장받을 수 있도록 수익자에 대한 지급이행 이전에 발행의뢰인에게 신용장대금을 선급하도록 요구하는 방법이 있다. 또한 다른 은행의 참여를 통하여 위험을 다수의 은행으로 분산시키는 방법을 이용하여 발행은행이 단독으로 부담하는 위험을 감소시킬 수 있다. 이러한 방안으로는 다른 은행에 보증신용장의 참여권을 매도하는 방법과 재보증신용장을 이용하는 방법 및 다수 은행이 공동으로 보증신용장을 발행하는 방법 등이 있다.

　이러한 문제점들은 보증신용장거래의 기본적인 특성에 근거하고 있어 완전한 해결을 기대하는 것은 현실적으로 어려운 일이다. 그러나 발행은행을 포함한 보증신용장거래당사자들이 문제점을 인식하고 대응방안을 적절하게 이용한다면 관련분쟁을 예방하거나 피해의 발생을 최소화하여 보증신용장의 신뢰성 및 유용성을 크게 향상시킬 수 있을 것이다.

참고문헌

김순자, "스탠드바이 신용장거래에서 사기서류배제원칙의 적용에 관한 연구", 박사학위논문, 성균관대학교 대학원, 1998.

박석재, "스탠드바이(Standby)신용장의 활용상의 문제점에 관한 연구", 성균관대학교 박사학위논문, 1996.

이상훈, "보증신용장의 활용을 위한 법규적 접근", 「무역학회지」, 한국무역학회 제28권 제2호, 2003. 4.

Barnes, James G. & Byrne, James E., "Letters of Credit: 2002 Cases", *The Business Lawyer*, Vol.58, 2003.

Bartell, Laura B., "The Lease Cap and Letters of Credit: A Reply to Professor Dolan", *Banking Law Journal*, October, 2003.

Boss, Amelia H., "Suretyship and Letters of Credit : Subrogation Revisited", *William & Mary Law Review*, Vol.34, Summer 1993.

Byrne, James E., *The Official Commentary on the International Standby Practices*, Institute of International Banking Law and Practice, Inc., 1998.

Carlson, David G. & Widen, William H., "Letters of Credit, Voidable Preference, and the Independence Principle", *The Business Lawyer*, Vol.54, 1999.

Dighe, Kris S., "Standby Letter of Credit : Are They Insured Deposit?", *Wayne Law Review*, Vol.32, 1986.

Dolan, John F., *The Law of Letters of Credit*, Warren, Gorham & Lamont, 1996.

Dole, Jr., Richard F., "Warranties by Beneficiaries of Letters of Credit under Revised Article 5 of the UCC : The Truth and Nothing but the Truth", *Houston Law Review*, Vol.39, Summer 2002.

122

Gregora, Peter J., "Guarantees, Letters of Credit and Comport Letters in Mortgage Financing", *Real Estate Law and Practice Course Handbook Series*, May-June 1998.

Harfield, Henry, "Guaranties, Standby Letters of Credit, and Ugly Ducklings", *Uniform Commercial Code Law Journal*, Vol.26, 1994.

Kozolchyk, Boris, "The Financial Standby : A Summary Description of Practice and Related Legal Problems", *Uniform Commercial Code Law Journal*, Vol.28, No.4, Spring 1996.

Millard, Neal S. & Brian W. Semkow, Brian W., "The New Risk-based Capital Framework and its Application to Letters of Credit", *Banking Law Journal*, Vol.106, 1989.

Moses, Margaret L., "The Irony of International Letters of Credit : They aren't secure, but they (usually) work", *Banking Law Journal*, June 2003.

Pawlowic, Dean, "Standby Letters of Credit : Review and Update", *Uniform Commercial Code Law Journal*, Vol.23, 1991.

Pearlman, Stephen J., "Types of Nontrade Letter of Credit Used in Today's Marketplace", *A Practical Guide to Letters of Credit*, Executive Enterprise Publications Co., Inc., 1990.

Rowley, Keith A., "Anticipatory Repudiation of Letters of Credit", *SMU Law Review*, Vol.58, Fall 2003.

Ryan, Read H., "Letters of Credit Supporting Debt for Borrowed Money: The Standby as Backup", *Banking Law Journal*, Vol.100, 1983.

Winick, Kimberly S., "Tenant Letters of Credit: Bankruptcy Issues for Landlords and Their Lenders", *American Bankruptcy Institute Law Review*, Vol.9, Winter 2001.

Wunnicke, Brooke & Wunnicke, Diane B., *Standby Letters of Credit*,

John Wiley & Sons, Inc. 1989.

Xiang, Gao & Burkley, Ross P., "The Development of the Fraud Rule in Letter of Credit Law: The Journey so far and the Road ahead", *Journal of International Economic Law*, Vol.23, 2002.

Xiang, Gao & Burkley, Ross P., "The Unique Jurisprudence of Letters of Credit : Its Origin and Sources", *San Diego International Law Journal*, Vol.4, 2003.

제4장 보증신용장거래에서 발행은행의 지급거절권의 행사

I. 서 언

보증신용장(standby letter of credit)은 화환신용장과는 달리 은행의 보증확약에 따라 수익자에 의한 불이행진술서의 제시에 의하여 발행은행의 지급이 이루어지는 거래의 특수성 때문에 수익자에 의한 부당한 지급청구의 가능성이 매우 크다.[1] 보증신용장거래에서 수익자의 부당한 지급청구가 행해지는 경우 발행은행은 지급의무의 이행 여부와 관련하여 곤란한 상황에 직면하게 된다. 발행은행은 수익자의 지급청구의 부당성에도 불구하고 신용장의 독립성의 원칙에 따라 수익자의 부당한 지급청구에 응하여 지급의무를 이행할 것인가 아니면 지급청구의 부당성을 근거로 독립성의 원칙에 대한 예외를 적용하여 지급의무의 이행을 거절할 것인가라는 딜레마(dilemma)에 빠지게 되는 것이다. 즉, 신용장거래에서 발행은행은 원칙적으로 지급청구의 근거 또는 정당성 여부에 대한 의무를 부담하지 않으므로[2] 지급청구서류가 신용장조건과 일치하는 경우 지급의무를 이행하여도 아무런 책임을 부담하지 않으나 이러한 경우 수익자에 의한 부당한 지급청구를 조장하는 결과를 초래하게 되는 것이

---

1) 1980년대 초반에 이미 웨이블(Wheble) 교수는 보증신용장거래와 관련하여 수익자의 지급청구의 부당성에 관한 분쟁이 다발되자 보증신용장을 "문제아"(problem children)에 비유하면서 문제의 심각성을 강조하고 있다. Bernard S. Wheble, "Problem Children - Standby Letters of Credit and Simple Demand Guarantees", *Arizona Law Review*, Vol.24, 1982.

2) 독립적 보증과 보증신용장에 관한 유엔협약(United Nations Convention on Independent Guarantees and Stand-by Letters of Credit) Article 3; 보증신용장 통일규칙(International Standby Practices; ISP98) Rule 1.07.

다. 따라서 발행은행은 지급청구의 부당성을 인식하는 경우 독립성의 원칙에 관계없이 지급거절권을 행사하는 것이 바람직할 것이다.

본고에서는 보증신용장거래에서 수익자의 부당한 지급청구에 대한 하나의 대응방안으로서 발행은행의 지급거절권의 필요성과 법적근거 및 행사 요건에 관하여 사례를 중심으로 고찰하는 데 목적을 두고 있다. 사례연구가 필요한 이유로는 다양한 보증신용장거래에서 지급거절권의 행사는 사실문제로서 경우에 따라 달라질 수 있기 때문이다. 따라서 사례연구를 통하여 보증신용장거래에서 발행은행의 지급거절권의 구체적인 행사요건을 추정할 수 있을 것이다.

Ⅱ. 발행은행의 지급거절권의 필요성

보증신용장거래에서 발행은행에 대한 수익자의 지급청구권은 수익자에 대한 발행의뢰인의 근거계약상의 채무불이행을 전제조건으로 하고 있다.[3] 즉, 발행의뢰인이 수익자에 대한 근거계약상의 채무를 이행하는 경우 수익자의 지급청구권은 발생되지 않으며, 발행의뢰인이 수익자에 대한 근거계약상의 채무를 불이행한 경우에만 수익자의 지급청구권이 발생하게 된다.

수익자의 지급청구권에 대하여 *Arbest Construction Co. v. First National Bank & Trust Co.* 사건[4]에서 법원은 보증신용장거래에서 "수익자는 발행의뢰인이 지급 또는 채무를 이행하지 않는 경우에만 발행은행에 대하여 정당한 지급청구를 행할 수 있다"라고 판시하고 있다.

---

3) Keith A. Rowley, "Anticipatory Repudiation of *Letters of Credit*", *SMU Law Review*, Vol.58, Fall 2003, p.2245.

4) 777 F.2d 581 (10th Cir. 1985).

반면에 보증신용장거래에서 발행은행의 지급의무는 수익자의 지급청구권의 행사에 따라 제시된 지급청구서류에 의하여 발생한다.[5] 즉, 발행은행은 수익자가 제시한 지급청구서류와 보증신용장조건이 일치할 경우에는 지급의무를 이행하여야 한다.[6] 수익자가 제시한 지급청구서류와 보증신용장조건이 일치하지 않을 경우 발행은행의 지급의무 자체가 발생하지 않으므로 이러한 경우 발행은행의 지급거절권은 논의할 필요가 없다. 따라서 본고에서 논의의 대상으로 하고 있는 발행은행의 지급거절권이란 수익자의 제시서류가 보증신용장조건과 일치하여 발행은행이 지급의무를 부담하는 경우라 하더라도 일정한 요건에 해당하는 경우 발행은행에 수익자에 대한 지급을 거절할 수 있는 권리를 인정하여야 한다는 것을 의미한다.

그렇다면 보증신용장의 기본적인 거래원칙을 무시하고 발행은행에 지급거절권을 부여하여야 하는 필요성은 무엇인가? 이는 보증신용장거래에서의 수익자의 지급청구가 가지는 특성에서 기인하는 부당한 지급청구의 가능성과 그로 인한 발행은행의 과도한 위험부담에 그 근거를 두고 있다. 보증신용장거래에서는 독립추상성의 원칙에 의하여 수익자에 의한 부당한 지급청구의 가능성이 내재되어 있다. 이러한 문제는 화환신용장거래에서도 동일하게 발생되고 있으나 보증신용장거래의 경우 지급청구서류의 특성으로 인하여 그 위험은 화환신용장에 비하여 현저히 증가된다.[7] 그 이유로는 보증신용장의 지급청구서류는 수익자 자신이 발

---

5) Boris Kozolchyk, "The Financial Standby : A Summary Description of Practice and Related Legal Problems", *Uniform Commercial Code Law Journal*, Vol.28, No.4, Spring 1996, p.358.

6) 이상훈, "보증신용장거래에서 발행은행의 지급이행에 관한 몇 가지 문제점", 「국제상학」 제19권 제1호, 한국국제상학회, 2004. 3, 165면.

7) Michael Stern, "The Independence Rule in Standby Letters of Credit", *University of Chicago Law Review*, Vol.52, Winter 1985, p.223.

행하는 불이행진술서와 환어음만으로 구성되며, 불이행진술서의 기재내
용 역시 제3자의 확인이나 서명을 요하지 않는 수익자의 일방적인 진술
로 이루어지므로 제3자와의 공모 없이 수익자의 악의적 의도만으로 부
당한 지급청구가 용이하게 행해질 수 있게 되는 것이다.[8]

또한 보증신용장에서 수익자에 의하여 제시되는 지급청구서류는 금전
적 가치를 가지지 않는 경우가 대부분이다.[9] 불이행진술서는 수익자 본
인에 의하여 작성되는 발행의뢰인의 불이행 사실을 기재한 진술서에 불
과하므로 유가증권에 해당하지 않는다. 이에 따라 화환신용장거래에서는
발행의뢰인으로부터 수익자에게 지급된 신용장대금의 상환에 있어서 문
제가 발생하는 경우 유가증권인 선화증권의 매각에 의하여 신용장대금
을 회복할 수 있으나,[10] 보증신용장거래에서는 발행의뢰인으로부터 신
용장대금의 상환에 문제가 생길 경우 유가증권이 아닌 불이행진술서의
처분에 의하여 신용장대금을 회복할 수 없으므로 발행은행은 수익자에
게 지급한 신용장대금에 해당하는 손실을 입을 가능성이 크다.[11] 이러

---

8) 따라서 보증신용장거래에서 수익자의 제시서류의 정당성은 오로지 수익자의
   정직성 및 성실성에 의존할 수밖에 없다. Richard J. Driscol, "The Role of
   Standby Letters of Credit in International Commerce : Reflection after
   Iran", *Virginia Journal of International Lawyer*, Vol.20, 1980, p.470.

9) 역설적으로 지급청구서류의 이러한 특성은 보증신용장거래에 있어서 화환신용장
   보다 지급청구서류의 전자적 제시를 용이하게 하여 보증신용장을 전자상거래
   시대에 적합한 지급수단으로 활용될 수 있도록 만드는 장점이 될 수 있다.
   James G. Barnes & James E. Byrne, "E-Commerce and Letter of Credit
   Law and Practice", *The International Lawyer*, Vol.35, 2001, p.27.

10) 이러한 이유로 인하여 대부분의 화환신용장거래에 있어서 발행은행은 선화증권을
    발행은행지시식(to the order of issuing bank)으로 발행할 것을 요구하여 발
    행은행의 담보권 확보와 물품의 처분에 대비하고 있다. Margaret L. Moses,
    "The Irony of International Letters of Credit : They aren't secure, but
    they (usually) work", *Banking Law Journal*, June 2003, pp.484~488.

11) Robert M. Rosenblith, "Seeking a Waiver of Documentary Discrepancies
    from the Account Party: Unexplored Legal Problems", *Brooklyn Law
    Review*, Vol.50, No.1, 1990, pp.83~85.

한 경우 수익자의 제시서류를 통한 담보이익을 확보하지 못하는 발행은행은 수익자에게 신용장대금을 지급한 이후 보증신용장발행약정에 따른 발행의뢰인의 상환에 의존할 수밖에 없게 된다.[12]

한편 수익자의 지급청구는 근거계약에 따른 의무를 발행의뢰인이 불이행하였다는 것을 의미하며, 이는 동시에 발행의뢰인이 발행은행에 대한 상환의무를 이행하지 못할 상태에 있음을 의미한다.[13] 즉, 발행의뢰인이 충분한 경제적 능력을 가지고 있다면 근거계약에 따른 의무를 이행하였을 것이고 수익자에 의한 지급청구는 발생하지 않을 것이다. 따라서 보증신용장의 경우 발행의뢰인은 발행은행에 대한 상환능력이 부족하며 상환 자체에도 부정적인 입장을 보일 것이므로 보증신용장의 발행은행은 수익자에 대한 지급의무의 이행에 있어서 화환신용장에 비하여 위험부담이 크다.

결국 수익자에 의한 부당한 지급청구의 가능성은 높으며 발행의뢰인으로부터의 상환의 가능성은 낮은 모순적인 특성을 가지고 있는 보증신용장 자체에 내재된 문제점으로 인하여 수익자의 부당한 지급청구로 인한 발행은행의 손해를 방지할 수 있는 최소한의 안전장치로서 일정한 요건 하에서 제한적으로 발행은행의 지급거절권이 인정되어야 하는 것이다.

---

12) *Exxon Co. U.S.A. v. Banque de Paris et des Pays-Bas* 〔828 F.2d 1121 (5th Cir. 1987)〕 사건에서 법원은 "보증신용장의 발행은행은 상거래에서 물품을 표창하는 서류를 소지하지 않으므로 발행의뢰인에 의한 상환의 담보로서 그러한 서류에 의존할 수 없게 된다. 그러므로 발행은행은 발행의뢰인의 경제적 능력 및 신용장 발행을 위한 담보에 전적으로 의존하여야 한다."(Because the issuer of a standby credit does not hold documents representing goods in a commercial transaction, it cannot look to those documents as security for repayment by its customer. Therefore, the issuer must look solely to the financial strength of its customer and whatever security it has for issuance of the credit.)라고 보증신용장의 발행은행이 부담하는 위험에 대하여 경고하고 있다.

13) Henry Harfield, "Guaranties, Standby Letters of Credit, and Ugly Ducklings", *Uniform Commercial Code Law Journal*, Vol.26, 1994, p.201.

Ⅲ. 발행은행의 지급거절권의 근거규정

미국을 중심으로 사용되던 보증신용장의 이용이 국제적으로 증가되자 이를 규율하기 위한 법규를 제정하고자 하는 시도가 계속되고 있다. 이에 따라 제정된 법규에는 국제상업회의소에 의하여 제정된 ISP98과 유엔 국제무역법위원회에 의하여 제정된 유엔협약이 있으며, 이러한 법규들은 국제거래에서 사용되는 보증신용장에의 적용을 목적으로 하여 제정된 통일법규의 성격을 가진다.14) 이러한 법규의 제정 이전에는 신용장통일규칙, 계약보증에 관한 통일규칙, 요구불보증에 관한 통일규칙 및 미국 통일상법전 등이 규정의 내용적 측면에서 보증신용장에 적용될 수 있는 규정을 포함하고 있어 경우에 따라 간접적으로 보증신용장의 준거법규로 적용되고 있었다.

이러한 관련법규 중에서 유엔협약과 미국 통일상법전(Uniform Commercial Code : 이하 UCC라 한다)만이 발행은행의 지급거절권에 대한 명시규정을 포함하고 있다. ISP98의 경우 보증신용장을 위하여 제정된 법규이지만 보증신용장의 주요한 문제점인 수익자의 부당한 지급청구와 발행은행의 지급거절권에 대하여 침묵하고 있는데, 이는 발행은행의 지급거절권을 명시적으로 인정하는 경우 보증신용장의 발행은행이 부담하는 보증확약의 기능을 약화시킬 가능성에서 비롯된 것으로 생각된다.15)

---

14) ISP98과 유엔협약은 상충되는 관계라기보다는 각각의 규정상의 미비한 부분에 대한 준거법규로서 상호 보완적으로 사용될 수 있을 것이다. 예를 들어 ISP98을 준거법으로 하는 보증신용장이 발행된 경우에도 ISP98에서 규정하고 있지 않은 수익자의 부당한 지급청구와 같은 문제에 있어서는 유엔협약이 해석기준으로서 적용될 수 있을 것이다. George Affarki, "How do the ISP standby rules fit tin with other uniform rules?", *Documentary Credits Insight*, Vol.5, No.3, 1999, p.6; 이상훈, "보증신용장의 활용을 위한 법규적 접근", 「무역학회지」, 한국무역학회 제28권 제2호, 2003, 270면.

15) ISP98에서는 수익자의 사기와 권리의 남용과 같은 부당한 지급청구와 그에 따른 발행은행의 지급 여부에 관련한 문제의 해결을 준거법에 위임하고 있

1. 독립적 보증과 보증신용장에 관한 유엔협약의 관련규정

(1) 유엔협약의 규정의 내용

유엔협약은 보증의 형태를 가지는 국제거래가 증가되자 이에 대한 규율의 필요성을 느낀 유엔 국제거래법위원회에 의하여 제정되어 1995년 12월 유엔총회에서 채택되었다. 유엔협약은 그 발효일과 관련하여 5개국 이상의 비준서가 기탁된 날로부터 1년이 경과된 후 다음 달의 1일부터 발효되는 것으로 규정하고 있는데,[16] 1998년 12월 8일 튀니지(Tunisia)가 다섯 번째로 비준서를 기탁하여 2000년 1월 1일부로 체약국에 대하여 그 효력이 발생되었다.[17]

유엔협약은 제19조에서 "지급의무에 대한 예외"(Exception to pay-ment obligation)라는 표제하에 발행은행의 지급거절권에 관하여 규정하고 있다.

제19조 1항에서는 지급거절권의 적용요건에 대하여 규정하고 있다. 1항에서 규정하고 있는 요건은 ① 서류가 진정하지 않거나 위조된 경우, ② 청구를 위하여 제시된 서류에서 주장된 근거에 의하여 지급이 정당하지 못한 경우, ③ 약정의 형태와 목적에 의하여 판단할 때 청구가 상상할 수 없는 근거에 의한 경우를 말하며, 이러한 요건에 해당하는 경우 선의로 행동하는 발행은행은 수익자에 대한 지급을 보류할 권리를 가진다.[18] 즉, 이상의 요건 중의 하나에 해당하는 경우 발행은행의 지급의무에 대한 예외가 인정되어 발행은행은 지급거절권을 행사할 수 있게 된다.

다. ISP98, Rule 1.05 참조.

16) UN Convention, Article 28(1).

17) 2005년 2월 현재 유엔협약의 체약국으로는 벨라루스(Belarus)가 2002년 1월 23일 비준서를 기탁하여 2003년 2월 1일부터 발효된 것을 마지막으로 에콰도르(Ecuador), 엘살바도르(El Salvador), 쿠웨이트(Kuwait), 파나마(Panama), 튀니지(Tunisia) 등 총 6개국에 지나지 않고 있다.

18) UN Convention, Article 19(1).

제19조 2항에서는 1항에서 규정한 적용요건 중에서 세 번째 요건에 해당하는 상상할 수 없는 근거(no conceivable basis)에 의한 청구를 보다 구체적으로 다섯 가지 경우로 규정하고 있다. 본 규정에 따르면 상상할 수 없는 근거에 의한 청구란 ① 보증신용장에서 정한 우발적 사건이나 위험이 현실화되지 않은 경우, ② 발행의뢰인의 근거계약상의 채무가 법원 또는 중재판정부에 의하여 무효라고 선언된 경우, ③ 근거계약에 따른 채무가 수익자가 만족할 수 있도록 의심할 바 없이 이행된 경우, ④ 근거계약에 따른 채무의 이행이 수익자의 고의적 비행에 의하여 방해된 경우, ⑤ 역보증(counter-guarantee)에 따른 청구에서 역보증이 관련된 보증신용장의 발행은행인 역보증의 수익자가 악의로 지급을 행한 경우 등을 의미한다.[19]

(2) 규정에 대한 분석

유엔협약의 규정은 보증신용장에 있어서 주요한 문제점이었던 사기와 권리의 남용에 대한 발행은행의 지급거절의 가능성을 공식적으로 인정하여 보증신용장거래에서의 발행은행의 지급거절권에 대한 법적 근거를 제공하였다는 점에서 큰 의의를 가진다. 즉, 유엔협약의 규정은 발행은행의 지급거절권에 대한 통일된 법적 기준을 제공함으로써 상이한 법체계에 준거하는 보증신용장 거래당사자 간에 발생될 수 있는 법률적용에 대한 분쟁을 회피할 수 있게 한다.[20]

본 규정을 세부적으로 분석하면, 제19조 1항에서는 지급거절권의 적용요건을 세 가지로 규정하고 있으나, 이러한 세 가지 적용요건은 그 성질에 따라 두 가지로 대별하여 구분할 수 있다. 첫 번째 요건은 제시된 서류에 문제

---

19) UN Convention, Article 19(2).

20) Filip De Ly, "The UN Convention on Independent Guarantees and Stand-by Letters of Credit", *The International Lawyer*, Fall 1999, p.861.

가 있는 경우로서 서류가 진정하지 않거나 위조된 경우가 이에 해당한다.
두 번째 요건은 지급청구의 근거에 문제가 있는 경우로서 청구를 위하여
제시된 서류에서 주장된 근거에 의하여 지급이 정당하지 못한 경우 및 약
정의 형태와 목적에 의하여 판단할 때 청구가 상상할 수 없는 근거에 의한
경우가 이에 해당한다. 즉, 발행은행의 지급거절권이 인정되는 경우는 수익
자에 의하여 제시된 서류 자체의 진정성에 문제가 있는 경우와 수익자가
지급을 청구할 권리가 없음에도 지급을 청구하는 경우라 할 수 있다. 이를
일반적인 용어로 표현한다면 전자는 수익자에 의한 사기(fraud)에 해당하
며, 후자는 수익자에 의한 권리의 남용(abuse of right)에 해당한다 할 것이
다.[21] 지급거절권의 적용요건과 관련하여 유엔협약의 제정단계에서 규정
의 명확화를 위하여 사기와 권리의 남용이라는 직접적인 표현을 사용하여
야 한다는 주장이 있었으나, 이러한 개념의 정의에 대한 각국의 국내법의
규정이 불일치하여 오해의 가능성이 있다는 이유로 받아들여지지 않았으
며,[22] 규정의 남용을 방지하기 위하여 근거계약의 이행이나 당사자 간의
법적, 사실적 분쟁에는 적용될 수 없음을 분명히 하고 있다.[23]

　또한 제19조 1항에서 발행은행은 무조건적으로 지급을 거절할 권리를
가진다고 규정한 것이 아니라 지급을 보류할 권리(right to withhold
payment)를 가진다고 규정하고 있다는 데 주목하여야 한다. 이는 발행
은행으로 하여금 일단 지급을 보류시킨 이후 준거법에 따라 관할법원을

---

21) 발행은행의 지급거절권이 인정되기 위해서는 그러한 근거가 수익자의 행위와 연
　계성이 있어야 한다. Jean Stoufflet, "Fraud in Documentary Credit, Letter of
　Credit and Demand Guaranty", *Dickinson Law Review*, Vol.106, 2001, p.24.
22) Eric E. Bergsten, "A New Regime for International Independent Guarantees
　and Stand-by Letters of Credit: The UNCITRAL Draft Convention on
　Guaranty Letters", *The International Lawyer*, Winter 1993, p.872.
23) UNCITRAL, *Report of the Working Group on International Contract Practices
　on the work of its fifteenth session*, A/CN.9/345, New York, 13-24 May 1991,
　paras.39-48.

134

통하여 정당한 법적절차를 거치는 경우에만 지급을 거절할 수 있게 하는 이중의 안전장치를 통하여 발행은행이 자의적으로 지급거절권을 남용하는 부작용을 막기 위한 의도로 보인다.[24]

제19조 2항에서는 상상할 수 없는 근거에 의한 청구의 다섯 가지 경우를 나열하고 있다. 이는 상상할 수 없는 근거라는 모호한 규정으로 인한 부작용, 예를 들어 발행은행이 이러한 규정을 자의적으로 유리하게 해석하여 정당한 근거에 의한 청구에 대해서도 지급의 보류를 시도하는 경우 등을 방지하기 위하여 구체적인 경우를 예시한 것으로 볼 수 있다.[25]

2. 미국 통일상법전의 관련규정

(1) 통일상법전의 규정의 내용

미국은 신용장을 규율하는 국내법을 가지고 있는 소수의 국가 중의 하나로서, 특히 사기에 따른 발행은행의 지급거절권에 관하여 유일하게 성문규정을 두고 있는 국가이다. 미국 통일상법전은 비록 일국의 국내법에 지나지 않지만 신용장거래에서의 사기에 관한 최초의 성문법이라는 점, 국제경제에서 미국이 차지하는 비중이 크다는 점 및 보증신용장거래가 미국에서 본격적으로 시작되어 현재 국내외의 상거래에서 활발하게 이용되고 있다는 점 등을 고려할 때 보증신용장거래에 적용가능한 주요한 법원(法源)으로서의 기능을 가지고 있다.[26] 또한 실제로 보증신용장

---

24) UN Convention, Article 20.

25) Stoufflet 교수는 상상할 수 없는 청구에 해당하는 다섯 가지의 구체적인 경우는 법원의 판례를 통하여 충분히 확립된 판례법(case law)을 근거로 하고 있다고 설명하고 있다. Jean Stoufflet, *op. cit.*, p.24.

26) UCC 제5편의 적용범위에 관한 규정(§ 5-103)에서는 "본 편은 신용장 및 신용장 관

거래에 있어서 사기와 같은 수익자의 지급청구의 부당성이 쟁점이 되는 사건을 다루는 많은 법원들이 통일상법전의 규정을 원용하고 있다.[27)]

수익자의 사기에 대한 발행은행의 지급거절권을 인정하는 소위 사기원칙은 1941년 Sztejn 사건[28)]을 계기로 1952 UCC에 최초로 성문화되었다. UCC 제5-111조 (2)항은 서류가 위조되거나 사기가 있는 경우 관할법원은 발행은행에 지급을 금지시킬 수 있음을 규정하여 서류상의 사기(fraud in the documents)가 있을 경우 발행은행의 지급의무에 대한 예외를 명시적으로 인정하고 있다.[29)] 또한 (2)항 (b)호에서는 사기 또는 위조의 증거가 명백하고 발행은행이 이를 통지받았다 하더라도 관할법원에 의한 지급금지명령이 내려지지 않는 한 발행은행은 문면상 신용장조건과 일치하는 서류를 제시한 수익자에게 대금을 지급하여야 할 것을 규정하고 있다. 1952년 UCC는 은행관행을 성문법화한 것으로써 은행의 입장에서 대금지급에 대한 발행은행의 자유재량에 제한을 두지 않음으로써 발행은행의 책임을 최소화하고 있으며, 은행에 비하여 발행의 뢰인과 수익자를 효과적으로 보호하지 못한다는 점에서 뉴욕법 개정위원회(New York Law Revision Commission)로부터 비판을 받았다.[30)]

련거래로부터 발생하는 권리와 의무에 대하여 적용된다"고 규정하여 보증신용장을 그 적용대상에 명시하고 있지는 않으나 적용 범위를 제한하지 않고 넓게 규정함으로써 보증신용장을 포함한 모는 신용상거래에 적용되는 것으로 추정힐 수 있다. Katherine A. Barski, "An Analysis of the Recent Revision to Article Five of the Uniform Commercial Code: Letters of Credit", *Commercial Law Journal*, Summer 1996, p.179.

27) *Brenntag International Chemicals, Inc. v. Norddeutsche Landesbank GZ* 〔70 F.Supp.2d 399 (1999)〕 사건에서 법원은 UCP에는 사기에 관한 규정이 없음을 근거로 하여 신용장에서 UCP를 준거법으로 명시하고 있는 경우에도 사기가 관련된 경우에는 UCC가 적용가능하다고 판시하였다.

28) 31 N.Y.S.2d 631 (1941).

29) UCC 1952 § 5-111(2).

30) 김순자, "미국통일상법전 제5-109조에 대한 일고찰", 「무역상무연구」, 한국무

136

　1952년 UCC는 1956년 통일상법전 확대편집위원회(Enlarged Editorial Board for Uniform Commercial Code)의 권고에 따라 1958년 개정되었는데, 1958년 UCC는 제5-114조 (2)항에서 사기원칙에 대하여 규정하고 있다.[31] 제5-114조 (2)항에서는 서류상의 사기 또는 거래상의 사기(fraud in tran- saction)[32]가 있는 경우 발행은행의 지급의무에 대하여 두 가지 경우로 구분하여 규정하고 있다. 지급청구를 위한 제시인이 ① 매입은행과 같은 환어음의 정당한 소지인(holder in due course),[33] ② 권리증권을 정히 매입한 자, ③ 유가증권의 선의의 구매자의 지위에 있는 자 등에 해당하는 경우에는 발행은행은 사기의 존재에도 불구하고 지급을 이행하여야 한다.[34] 그 이외의 경우, 즉 서류의 제시인이 상기의 자격에 해당하지 않는 경우에는 관할법원에 의하여 지급금지명령이 내려지지 않는 한 사기에 대한 발행의뢰인의 통지가 있다 하더라도 선의로 행동하는 발행은행은 지급을 행할 수 있다.[35]

　1958년 UCC 제5-114조 (2)항은 발행의뢰인에 대한 발행은행의 의무

　　역상무학회 제13권, 2000, pp.539~540.

31) UCC 1958 제5-114조는 "지급에 대한 발행은행의 의무 및 권리; 상환에 대한 권리"(Issuer's Duty and Privilege to Honor; Right to Reimbursement)라는 표제하에 지급에 관한 발행은행의 의무와 권리에 관한 전반적인 내용을 규정하고 있다.

32) UCC에는 거래의 범위에 관하여 구체적으로 규정하지 않고 있어 거래상의 사기에 근거거래가 포함되는가에 관한 논란이 있어 왔다. 예를 들어, *Federal Deposit Insurance Corp. v. Bank of San Francisco* 〔817 F.2d 1395 (1987)〕 사건에서 법원은 거래상의 사기에는 근거거래의 사기가 포함된다고 판시한 반면 *Xantech Corp. v. Ramco Industries, Inc.* 〔643 N.E.,2d 918 (1994)〕 사건에서 법원은 거래상의 사기란 근거거래가 아닌 신용장거래에 사기가 개입된 경우를 의미한다고 판시하여 상반된 입장을 보이고 있다.

33) 예를 들어, 수익자의 사기를 인지하지 못하고 선의로 환어음을 매입한 매입은행(negotiating bank)이 정당한 소지인에 해당한다.

34) UCC 1958 § 5-114(2)(a).

35) UCC 1958 § 5-114(2)(b).

에 신의성실의 개념을 포함하였다는 점, 수익자에게 서류제시에 대한 담보(warranty)의 의무를 부과하고 있다는 점 및 조항의 적용대상으로서의 사기의 범위에 서류상의 사기 이외에 거래상의 사기를 포함시키고 있다는 점 등에서 이전의 규정과 비교하여 차이점을 가지고 있다. 반면에 본 조항은 발행의뢰인으로부터 사기에 대한 통지를 받는 경우에도 발행은행은 지급할 수 있다고만 규정하고 있어 이러한 경우 발행은행이 지급을 거절할 수 있는지의 여부는 명확하지 않아 실제로 법원에서 본 조항을 적용되는 데 있어서 쟁점이 되어 왔다.[36]

1995년에 개정된 UCC 제5-109조는 사기와 위조(Fraud and Forgery)라는 표제하에 이전의 규정에 비하여 보다 명확하게 발행은행의 지급거절권의 적용에 관하여 규정하고 있다. 제5-109조는 신용장거래에 사기 및 위조가 개입된 경우 발행은행의 입장과 발행의뢰인의 입장으로 나누어 취할 수 있는 조치를 각각 규정하고 있다.

제5-109조 (a)항은 발행은행의 입장을 규정하고 있는데, (a)항에 의하면 신용장의 조건과 문면상 일치하는 제시가 이루어졌다 하더라도 요구서류가 위조되었거나 또는 중대한 사기의 목적으로 작성되었거나, 또는 제시에 대한 지급이 수익자의 중대한 사기를 조장하게 될 경우를 전제로 하여 지급을 위한 제시를 행한 자의 자격에 따라 발행은행의 지급의무에 관하여 두 가지 다른 상황이 야기된다. 먼저 제시를 행한 자가 ① 위조 또는 중대한 사기에 관한 통지를 받지 않고 선의로 대금을 지급한

---

36) *Roman Ceramics Corp. v. Peoples National Bank* [714 F..2d 1207 (1983)] 사건에서 수익자는 제5-114조는 발행은행이 지급을 할 수 있다고 규정하고 있으므로 발행은행에 지급을 거절할 권리는 부여하고 있지 않다고 주장하였다. 반면에 *New York Life Insurance Co. v. Hartford National Bank & Trust Co.* [477 A.2d 1033 (1984)] 사건에서 수익자의 명백한 사기가 있을 경우 발행은행은 제5-114조 (2)항에 의거하여 지급을 거절할 수 있다고 주장하였다.

지정은행, ② 선의로 지급한 확인은행, ③ 환어음이 인수된 이후에 선의로 발행은행 또는 지정은행으로부터 이를 취득한 정당한 소지인, ④ 위조 또는 중대한 사기에 관한 통지를 받지 않고 발행은행 또는 지정은행의 연지급의무를 양수한 대금양수인 등에 해당하는 경우 사기에도 불구하고 발행은행은 지급의무를 이행하여야 한다.37) 즉, 이러한 경우에는 발행은행은 지급을 거절할 수 없고 무조건 지급을 이행하여야 한다. 다음으로 제시를 행한 자가 상기의 자격에 해당하지 않는 경우에는 발행은행은 지급의무의 이행에 대한 재량권을 행사할 수 있다. 즉, 선의로 행동하는 한 발행은행은 지급을 할 수도 있고 지급을 거절할 수도 있다.38) 따라서 수익자에 의하여 신용장의 조건과 문면상 일치하는 제시가 이루어졌다 하더라도 요구서류가 위조되었거나 또는 중대한 사기의 목적으로 작성되었거나, 또는 제시에 대한 지급이 수익자의 중대한 사기를 조장하게 될 경우 발행은행은 지급거절권을 가지게 되며, 지급거절권의 행사에 있어서 선택권을 행사할 수 있다.

(2) 규정에 대한 분석

미국 통일상법전은 소위 사기원칙이라는 대전제하에 수익자의 사기에 한하여 제한적으로 발행은행의 지급거절권을 인정하는 것으로 규정하고 있다. 이전 규정과의 차이점을 중심으로 하여 1995년 UCC 제5-109조의 내용과 그 효과를 지급거절권의 관점에서 세부적으로 검토하면 다음과 같다.

첫째, 이전의 규정에 비하여 개정된 규정은 사기의 기준을 보다 명확하고 구체적으로 설정하여 발행은행의 지급거절권의 적용요건을 명확히

---

37) UCC 1995 § 5-109(a)(1).
38) UCC 1995 § 5-109(a)(2).

하고 있다. 이전의 규정에서는 서류상의 사기와 거래상의 사기에 대하여 사기원칙이 적용된다고 규정하고 있으나, 이에 대한 구체적인 정의를 두지 않음으로써 법원에서의 사기원칙의 적용에 있어서 혼란과 분쟁을 야기하는 주요한 쟁점이 되어 왔다. 개정된 규정은 규정 자체에서 보다 명확한 표현을 사용하였으며, 또한 공식주석에서 상세한 설명을 부가하여 이전 규정의 모호성을 상당한 부분에서 명확하게 개선시키고 있다.[39]

개정된 규정에 의하면 발행은행의 지급거절권이 인정될 수 있는 사기의 범위는 다음과 같이 정리할 수 있다.

① 중대한 사기(material fraud)이어야 한다. 동 규정에는 사기의 중대성에 대한 정의규정은 없으나 공식주석에 의하면 사기를 다루는 법원이 중대성을 결정하여야 한다고 전제하고, "수익자에 의한 중대한 사기는 수익자가 지급을 기대할 수 있는 그럴듯한 권리를 가지고 있지 않은 경우 및 실제로 지급청구의 권리를 뒷받침할 수 있는 근거가 없는 경우에 발생한다."(Material fraud by the beneficiary occurs only when the beneficiary has no colorable right to expect honor and where there is no basis in fact to support such a right to honor.)라고 설명하고 있다.[40] 이에 따르면 수익자가 지급을 청구할 정당한 권리를 가지지 못하며, 그러한 지급청구권의 근거가 없음에도 지급을 청구하는 경우 이는 중대한 사기에 해당된다. 지급청구의 근거의 존재 여부에 따른 중대한 사기의 결정기준은 화환신용장보다는 보증신용장에 더욱 적합한 기준이다.[41]

---

39) Robert J. Graves & John T. Perugini, "Maintaining the Commercial Vitality of Letters of Credit: Revised Illinois UCC Article 5", *Illinois Bar Journal*, Vol.85, May 1997, p.224.

40) American Law Institute, *UCC Revised Article 5 Letters of Credit*, 1995, Article 5-109, Official Comments 1.

41) Robert S. Rendell, "Fraud and Injunctive Relief", *Brooklyn Law Review*, Vol.56, Spring 1990, p.113.

② 제3자에 의한 사기의 경우에도 사기원칙이 적용될 수 있다. 개정된 규정에 의하면 서류가 위조되거나 사기의 목적으로 작성된 경우 또는 서류 제시에 대한 지급이 수익자의 실질적인 사기를 조장하게 되는 경우 발행의 뢰인은 법원에 구제조치를 요청할 수 있다. 이러한 경우에 있어서 후자는 수익자에 의한 사기로서 그러한 행위의 주체가 수익자이어야 하나, 전자는 위조서류 또는 사기서류를 작성한 주체에 대한 아무런 제한이 없다. 즉, 서류상의 사기가 수익자가 아닌 제3자에 의하여 발생되어 수익자가 사기를 인지하지 못하고 선의로 서류를 제시한 경우에도 발행의뢰인은 구제를 받을 수 있게 된다.42) 이는 수익자보다는 발행의뢰인에게 유리한 규정으로 선의의 발행의뢰인은 보호받을 수 있는 반면에 수익자는 제3자가 작성한 서류의 진정성까지 부담하여야 하는 불리한 입장에 처할 수 있다.43)

③ 거래상의 사기에는 근거거래상의 사기가 포함된다. 공식주석에 의하면 중대한 사기에 대한 주장이 있을 경우 서류가 사기적인지 또는 수익자가 사기를 저질렀는지, 또는 그러한 사기가 중대한지의 여부를 결정하기 위해서 법원은 근거거래를 조사하여야만 한다고 명시하여 사기의 대상으로서의 거래에는 근거거래가 포함됨을 명확히 하고 있다.44) 그러나 근거거래상의 사기를 포함시키는 경우 발행의뢰인이 사기를 주장한다면 법원 및 발행은행은 근거거래의 이행 여부를 조사하여야 하며, 이는 신용장거래에 불필요한 시간과 비용의 낭비를 초래

---

42) 김순자, 전게논문, 540~546면.

43) 이러한 규정은 제3자에 의한 사기를 인지하지 못하고 은행에 서류를 제시한 선의의 수익자는 그러한 사기에 대하여 면책된다는 *United City Merchants (Investments) Ltd. v. Royal Bank of Canada* 〔1 Lloyd's Rep. 604 (1980)〕 사건의 판결과는 상반된다. 본 사건에서는 선적대리인이 선화증권의 선적일자를 허위로 기재하였으나 수익자는 이를 인지하지 못하고 확인은행에 서류를 제시하였다. 법원은 수익자는 사기에 직접적으로 개입하지 않았고 사기를 인지하지도 못하였다는 근거에서 수익자는 지급을 받을 권리를 가진다고 판시하였다.

44) American Law Institute, *UCC Revised Article 5 Letters of Credit*, 1995, Article 5-109, Official Comments 1.

할 수 있다.

둘째, 이전의 규정은 사기원칙으로부터 보호받을 수 있는 제시인을 세 가지 유형으로 구분하고 있었으나 개정된 규정은 사기원칙으로부터 면제받을 수 있는 제시인의 유형을 네 가지로 규정하여 발행은행의 지급거절권을 서류의 제시인에 따라 차별적으로 허용하고 있다. 이전의 규정에서는 세 가지 유형의 제시인 중에서 예를 들어, 수익자로부터 환어음을 매입한 매입은행과 같은 환어음의 정당한 소지인만이 신용장거래에서 지급청구를 위하여 서류를 제시하며, 다른 두 가지 유형의 제시인은 신용장거래에서 실질적으로 지급을 위한 제시를 하는 경우가 거의 없어 규정의 실효성에 의문이 있었다. 이에 비하여 개정된 네 가지 유형의 제시인, 즉 지정은행(예를 들면, 지급은행 또는 인수은행), 확인은행, 환어음의 정당한 소지인(예를 들면, 매입은행) 및 연지급의무의 대금양수인은 모두 신용장거래에서 흔히 서류를 제시하는 자에 해당하므로 신용장거래의 현실을 반영한 규정상의 발전으로 볼 수 있다.[45]

반면에 정당한 소지인의 개념을 삭제하여 제시인에 관계없이 사기원칙을 적용할 수 있도록 하여야 한다는 견해도 있다. 미국의 변호사인 그린리프(Greenleaf)는 수익자가 사기적 행위에 관련된 경우 제시인에 관계없이 발행은행이 지급을 하지 않을 것이라는 것이 발행의뢰인의 합리적 기대라고 강조하면서 자신의 견해에 대한 타당성을 주장하고 있다. 또한 그는 정당한 소지인의 개념을 삭제하는 경우 은행들이 신용장거래의 중간은행으로 개입하기를 기피하여 신용장거래가 저해될 수 있다는 반대의 견해도 있을 수 있으나 이는 수익자가 발행은행에 서류를 직송하고 직접 지급청구를 행할 것을 신용장조건으로 명시하여 중간은행의

---

45) Gao Xiang & Ross P. Burkley, "The Development of the Fraud Rule in Letter of Credit Law: The Journey so far and the Road ahead", *Journal of International Economic Law*, Vol.23, Winter 2002, pp.686~687.

이용을 배제한다면 신용장거래에 큰 영향을 미치지 않을 것이라고 설명하고 있다.[46] 그린리프의 주장은 화환신용장을 가정하는 것이며, 실제로 보증신용장거래에서는 대부분 수익자가 발행은행에 서류를 직접 제시하는 경우가 정당한 소지인이 개입할 여지가 거의 없어 본 규정은 보증신용장에 대해서는 큰 의미를 가지지 못한다.

셋째, 개정된 규정은 사기원칙에 대한 구제조치로서 법원에 의한 지급금지명령 이외에 발행은행의 독자적 결정에 의한 지급거절권의 행사가 가능함을 규정하고 있다. 이전의 규정은 지급금지명령이 없는 경우 발행은행의 선의에 의한 지급만을 규정하고 있어 발행은행의 독자적 지급거절권의 행사가 가능한지의 여부에 관하여 논란이 있어왔다.[47] 개정된 규정에서는 이전의 규정에서는 명확하지 않았던 발행은행의 독자적인 지급거절권의 가능성을 명시적으로 인정하고 있다. 단, 이러한 경우 발행은행의 지급거절은 선의에 의한 지급거절이어야 한다. 발행은행의 독자적 결정에 의한 지급거절권의 행사가 선의에 의한 지급거절로 인정받으려면 발행은행은 중대한 사기 또는 위조의 존재를 입증하여야 하며, 이러한 입증에 실패한다면 그러한 지급거절은 부당한 지급거절이 되어 발행은행은 그에 따른 모든 책임을 부담하여야 한다. 또한 사기에 대한

---

46) Christopher J. Greenleaf, "The Holder-in-due-course Exemption to the Fraud Exception to Compelled Honor under Revised Article 5", *Banking Law Journal*, Vol.115, No.1, 1998, pp.32~36.

47) 발행은행의 지급거절에 관한 규정은 불명확하였지만 당시의 법원은 대체적으로 사기에 대한 충분한 증거가 존재하는 경우 발행은행의 독자적인 지급거절을 인정하는 경향을 보이고 있다. 예를 들어, *Prairie State Bank v. Universal Bonding Insurance Co.* [24 Kan.App.2d 740: 953 P.2d 1047 (1998)] 사건에서 Lewis 판사는 UCC 1958 §5-114(2)(b)의 "…선의로 행동하는 은행은 지급할 수 있다…"(…an issuer acting in good faith may honor…)라는 규정에서 "may"라는 용어를 사용하고 있는데 이는 발행은행에 지급에 대한 선택권(option)을 부여하는 것이라고 주장하고 그에 따라 발행은행은 사기가 존재할 경우 지급을 거절할 수 있다고 판시하였다.

지급거절은 발행은행의 권리이며, 발행의뢰인에 대한 의무가 아니다. 따라서 발행의뢰인이 사기를 주장하면서 지급거절을 요청하는 경우에도 발행은행은 법원의 지급금지명령이 없는 한 이러한 요청에 응할 의무는 없다.[48]

Ⅳ. 발행은행의 지급거절권 행사요건에 관한 사례

1. 수익자의 지급청구의 근거가 없는 경우

최근의 사례인 *Metrobility Optical System, Inc. v. HECOP Ⅲ, LLC* 사건[49]에서 건물의 장기임대(lease) 계약에 따른 임차인의 임대료 지급의무의 이행을 보증하기 위하여 임차인인 발행의뢰인의 신청에 의하여 임대인을 수익자로 하는 보증신용장이 발행되었다. 임대계약이 만료되기 이전에 임차인이 법원에 파산신청을 하였고 이에 임대인이 임대계약의 불이행을 통지하면서 발행은행에 신용장대금의 지급을 청구하였다. 법원은 임대계약에는 임차인이 파산하는 경우 임대계약이 자동으로 종료한다는 계약조항이 있음을 근거로 하여 임차인의 파산신청으로 인한 임대계약의 종료는 유효하므로 임대계약의 불이행은 존재하지 않는다고 판시하였다. 이 사건에서 법원은 근거계약인 임대계약조항을 근거로 발행의뢰인의 파산신청으로 인하여 임대계약이 종료되었기 때문에 종료된 계약에 대한 발행의뢰인의 불이행이란 있을 수 없으므로 수익자

---

48) American Law Institute, *UCC Revised Article 5 Letters of Credit*, 1995, Article 5-109, Official Comments 2.

49) 268 B. R. 326; 38 Bankr. Ct. Dec. 156 (2001).

144

의 지급청구권이 발생할 수 없다는 사실을 강조하고 있다. 이 사건의 판결은 보증신용장거래에서 수익자의 지급청구의 정당성 여부를 결정하는 데 있어서 지급청구의 근거가 결정적인 영향을 미친다는 사실을 보여주는 사례이다.

또한 *Prairie State Bank v. Universal Bonding Insurance Co.* 사건[50]에서 공항건설을 위한 이행보증의 용도로 보증회사를 수익자로 하는 보증신용장이 발행되었다. 이후에 수익자에 의한 지급청구가 행해졌고 발행은행이 지급을 거절하자 수익자가 법원에 소송을 제기하였다. 법원은 수익자의 지급청구는 발행의뢰인이나 보증신용장과는 아무런 관련이 없으며 보증신용장의 당사자가 아닌 피보증인과 관련된 문제로 인한 청구이므로 아무런 근거를 가지지 못한다고 판시하고 발행은행의 지급거절에 정당성을 부여하였다.

이러한 사례들은 발행의뢰인의 근거계약에 관한 불이행에 기초하지 않는 수익자의 지급청구는 정당한 근거가 없는 지급청구에 해당한다고 주장하고, 이와 같이 정당한 근거를 가지지 못하는 수익자의 지급청구에 대해서 발행은행의 지급거절권이 인정되어야 함을 잘 보여주고 있다.

2. 수익자에 의한 실질적인 사기가 존재하는 경우

Brenntag International Chemicals, Inc. v. Norddeutsche Landes-bank GZ 사건[51]에서 화학제품의 국제매매와 관련하여 발행의뢰인인 수입상의 대금지급을 보증하기 위한 목적으로 보증신용장이 발행되었다.[52]

---

50) 24 Kan. App. 2d 740; 953 P. 2d 1047 (1998).

51) 70 F. Supp. 2d 399 (1999).

52) 보증신용장 중에서 물품매매에서 매수인의 발행의뢰에 의하여 매도인을 수익자로 발행되는 보증신용장을 특히 상업보증신용장(commercial standby

보증신용장은 발행의뢰인이 수익자가 발행한 기한부환어음에 대하여 만기에 지급하지 않을 경우 발행은행에 신용장대금을 청구할 것을 조건으로 하여 발행되었다. 법원은 수익자에 의하여 제시된 불이행진술서는 만기일이 경과되지 않았음에도 불구하고 만기가 경과되었다는 허위의 사실을 기재하여 만기일 이전에 작성되었으므로 수익자에 의한 사기를 구성한다고 판시하면서 원고패소판결을 내렸다.

이 사건에서 법원은 위조서류는 요구서류로 볼 수 없다는 판시[53]를 인용하면서 사기적인 불이행진술서의 수리는 보증신용장의 특성을 근본적으로 무시하는 것이라고 강조하면서 수익자의 제시서류에 사기가 존재하는 경우 서류의 일치성에 관계없이 발행은행이 지급거절권을 행사할 수 있음을 보여주고 있다.

물품매매와 관련한 다른 사례인 *Philip Brothers, Inc. v. Oil Country Specialists, Ltd.* 사건[54]에서 파이프의 위탁판매계약에 따라 미판매분에 대한 수수료 지급의무의 보증을 위하여 보증신용장이 발행되었으며, 실제 인도된 파이프와 계약명세와의 상이를 이유로 계약이 취소되면서 수익자가 지급을 청구하였다. 법원은 파이프에 대한 검사결과 대부분이 불량이거나 수리를 요하는 물품으로 전체 재고품이 거의 무가치하므로 거래상의 사기로 간주될 수 있다고 판시하였다.

이 사건은 근거계약의 대상물품에 대한 하자를 거래상의 사기로 간주하여 수익자에 대한 지급거절의 근거로 인정한 사건으로 상업보증신용장거래에 있어서 계약물품의 하자가 쟁점이 되는 경우 적용할 수 있는

---

credit)이라 하며, 매수인의 대금지급의무를 보증한다는 점에서 화환신용장과 가장 유사한 기능을 수행하는 보증신용장이라 할 수 있다. 이상훈, 전게논문, 252~253면.

53) Falsified documents are the same as no documents at all: *Voest-Alpine International Corp. v. Chase Manhattan Bank*, 707 F. 2d 680 (2d Cir. 1983).

54) 709 S.W.2d 262 (1987).

좋은 일례이다.

또한 *Western Security Bank v. Superior Court of Los Angeles County* 사건[55]에서 대출계약에 따른 대출금의 상환과 관련하여 만기에 발행의뢰인이 대출금 전액을 상환하지 않을 경우 지급이 이행되는 조건으로 보증신용장이 발행되었다. 만기에 발행의뢰인이 상환불능이 되자 수익자는 발행은행에 지급을 청구하였다. 법원은 수익자의 지급청구는 향후 발행의뢰인의 파산처리과정에서의 부족금의 상환을 위한 것으로서 이는 보증신용장의 발행목적과는 다르며 거래상의 사기에 해당하는 것이라고 판시하고 발행은행이 지급을 거절할 권리를 가진다고 판결하였다. 본 사건에서 법원은 근거계약에 대한 완전한 불이행이 발생한 것은 아니라는 근거로 수익자의 지급청구를 거래상의 사기로 간주하여 발행은행에 대하여 지급거절을 명령하였다.

3. 수익자에 의하여 발행의뢰인의 계약불이행이 초래된 경우

Penn State Construction, Inc. v. Columbia Savings and Loan Association 사건[56]에서 건설계약의 이행보증용으로 보증신용장이 발행되었다. 약정일자까지 공사가 완료되지 못하자 수익자는 지급을 청구하겠다고 발행의뢰인에게 구두로 통지하였고 이후 건설회사는 자사의 비용으로 공사를 완료하였다. 공사완료 이후 5개월이 지난 시점에서 수익자는 발행은행에 약정일자까지 공사를 완료하지 못하였음을 주장하면서 보증신용장조건에 따른 지급을 청구하였다. 법원은 수익자가 지급을 청구한 시점은 공사가 완료된 시점이므로 근거계약에 대한 발행의뢰인

---

55) 26 Cal.App.4th 1441 (1993).
56) 360 Pa. Super. 145; 59 A. 2d 1034 (1987).

의 불이행이 성립되지 않으며 또한 수익자가 건설비용을 제대로 조달하지 못함으로써 스스로 건설의 지연을 초래한 원인을 제공하였다는 근거에서 발행은행이 수익자에 대한 지급을 이행하는 경우 발행은행도 수익자의 사기의 당사자가 된다고 판시하고 발행은행은 지급할 의무가 없음을 강조하고 있다.

또한 *Seguin Savings Association v. Vista Verde Plaza Joint Venture* 사건[57]에서 건설계약에 따른 이행보증을 위하여 보증신용장이 발행되었다. 발행의뢰인인 건설회사의 원만한 공사 진행을 위하여 수익자가 건설공사의 비용을 충당하기 위하여 대출을 받기로 하였으나 수익자는 대출을 위한 서류조차 준비하지 않는 등 대출을 위한 시도를 하지 않아 건설공사가 중단되었다. 이에 법원은 수익자의 대출에 관한 계약위반이 발행의뢰인의 추가적 이행을 불가능하게 하여 근거계약의 실패를 초래하였다고 판시하고 발행은행은 수익자는 지급을 받을 권리가 없음을 판결하였다.[58]

이러한 사례에서 보듯이 수익자에 의한 의도적 행위가 발행의뢰인의 불이행을 야기하는 주요한 원인으로 작용하는 경우 수익자 자신의 부당한 행위로부터 수익을 얻고자 하는 수익자는 보호받을 수 없다는 근거에 의하여 법원은 발행은행의 지급거절을 옹호하는 경향을 보이고 있다.

4. 지급으로 인하여 회복할 수 없는 손해가 발생되는 경우

E. L. Industries International, Inc. v. Continental Illinois National Bank 사건[59]에서 청소용 차량 60대의 구매계약이 체결되었고, 매도인에

---

57) 7 U.C.C. Rep. Serv. 2d (Callaghan) 862 (1988).
58) 이 사건에서 법원은 발행은행의 지급거절의 법적 근거로서 이러한 경우를 1958년 UCC §5-114(b)(2)항에 규정된 서류의 문면상 나타나지 않는 다른 하자(other defect)에 해당하는 것이라고 판시하였다.

148

의한 계약물품의 인도와 인도물품의 품질을 보증하기 위하여 계약금액의
10%에 해당하는 금액의 보증신용장이 매수인을 수익자로 하여 발행되었
다.[60] 이후 수익자는 발행의뢰인에게 보증신용장의 유효기일의 연장을 요
청하면서 유효기일의 연장에 동의하지 않는다면 지급을 청구하겠다고 통지
하였다. 발행의뢰인은 이미 계약물품이 전량 인도되었으므로 보증신용장의
유효기일의 연장에 동의하지 않았고 수익자가 지급을 청구하자 발행은행의
지급 여부에 관한 소송이 제기되었다. 사건을 담당한 법원은 발행은행에 지
급을 이행하지 말 것을 판결하였는데 발행은행이 지급을 이행하지 않을 경
우에 수익자가 입게 될 손해와 지급을 이행하는 경우 발행의뢰인이 입게
될 손해를 비교하여 발행의뢰인이 입게 될 손해가 더 크다는 점을 강조하
였다.

앞에서 언급한 *Seguin Savings Association v. Vista Verde Plaza
Joint Venture* 사건[61]에서 수익자에 대한 지급이 보증신용장의 발행을
위한 담보물의 상실, 계약불이행에 따른 기업의 평판의 악화 등을 초래
하여 발행의뢰인에게 회복할 수 없는 손해를 야기할 수 있다는 사실이
수익자에 대한 지급거절의 주요근거로 작용하였다.

또한 *Philipp Brothers, Inc. v. Oil Country Specialists, Ltd.* 사
건[62]에서 파이프의 위탁판매계약에 있어서의 수수료 지급을 보증하기
위하여 보증신용장이 발행되었다. 인도된 파이프의 대부분이 하자가 있

---

59) 1989 U.S. Dist. LEXIS 223 (1989).

60) 매매계약과 관련하여 발행되는 보증신용장의 유형에는 두 가지가 있다. 하나는 매수
인의 대금지급을 보증하기 위한 목적으로 매도인을 수익자로 발행되는 상업보증신용
장(commercial standby credit)이며, 다른 하나는 매도인의 계약이행을 보증하기
위한 목적으로 매수인을 수익자로 하여 발행되는 이행보증신용장(performance
standby credit)이 있다. 이 사건에서 발행된 신용장은 후자에 해당한다. 보증신
용장의 유형에 대한 자세한 사항은 이상훈, 전게논문, 250~254면 참조.

61) 7 U.C.C. Rep. Serv. 2d (Callaghan) 862 (1988).

62) 709 S. W. 2d 262 (1986).

다는 이유로 파이프를 반송하면서 수익자가 지급을 청구하였고 이에 소
송이 제기되었다. 법원은 수익자에 대한 지급이 이행되는 경우 이는 발
행의뢰인의 순자산을 크게 감소시키고 이러한 자산의 감소는 다른 계약
의 불이행을 야기하여 발행의뢰인에게 회복할 수 없는 손해를 야기할
수 있다고 판시하고 발행은행에 지급거절을 명령하였다.

5. 강행법규에 의하여 발행의뢰인의 불이행이 야기되는 경우

강행법규에 의하여 발행의뢰인의 근거계약에 있어서의 불이행이 야기
되는 경우, 즉 강행법규의 개정 또는 폐지 등으로 인하여 발행의뢰인이
근거계약에 따른 의무를 이행하는 것이 강행법규의 위반을 초래할 수밖
에 없어 불이행하는 경우 이러한 불이행을 근거로 하는 수익자의 지급
청구에 대해서 발행은행은 지급을 거절할 수 있다.

이러한 경우는 그리 흔한 경우는 아니나 보증신용장과 관련되어 세간
의 주목을 받았던 소위 이란사건(Iranian cases)을 그 일례로 들 수 있
다. 이란사건이란 1970년대 후반 이란 정부기관과 미국의 기업 간에 물
품공급계약이 체결된 상황에서 미국대사관 인질사태로 미국정부가 이란
자산통제규정(Iranian Asset Control Regulations)을 제정하면서 미국의
기업들에 의한 계약불이행이 연속적으로 발생하자 이란의 수익자로부터
보증신용장에 따른 지급청구가 쇄도하여 미국 은행업계에 상당한 물의
를 일으킨 사건을 말한다.

Harris Corp. v. National Iranian Radio & Television 사건[63]에
서 이란의 국영방송국에 방송장비의 공급계약의 이행을 위하여 보증신
용장이 발행되었다. 이후 이란자산통제규정에 의하여 선적이 불가능해지

---

63) 69 F. 2d 1344 (1982).

고 이에 수익자인 이란 은행이 지급을 청구하였다.64) 법원은 발행의뢰
인의 선적불이행은 불가항력적인 사유에 의한 것이므로 발행은행의 지
급의무가 없음을 판시하였다.

또한 *Rockwell International Systems, Inc. v. Citibank, N. A.*
사건65)에서는 이란 국방성과 통신시설 건설계약과 관련하여 보증신용장
이 발행되었다. 이후 이란에서 미국대사관인질사건이 발생하자 발행의뢰
인은 이란 국방성에 계약종료를 요청하였으나 거절당하였고 이란자산통
제규정의 영향으로 이란과의 거래가 금지되어 계약을 이행할 수 없었고
수익자는 불이행에 따른 보증신용장대금의 지급을 청구하였다. 법원은
계약이행이 강행법규에 위반된다는 근거로 발행의뢰인의 계약불이행에
대한 지급청구는 정당성을 가지지 못한다고 판시하였다.

V. 결 언

본고는 국내에서의 보증신용장의 활용 증대에 대비하여 보증신용장거래
에서의 주요한 문제인 수익자의 부당한 지급청구에 대한 안전장치로서의
발행은행의 지급거절권에 관하여 그 법적 근거와 사례를 중심으로 행사의
요건을 고찰하였다. 고찰의 결과 발행은행의 지급거절권의 행사와 관련하

---

64) 이란사건은 일반적인 보증신용장거래와는 다른 4자 간 약정에 의한 간접보증
(indirect guarantee)의 형태를 가지는 경우가 많다. 즉, 이란정부기관과 미국 민
간기업이 매매계약을 체결하고 매도인인 미국 기업이 이란 정부의 대행기관인 이
란 은행으로부터 계약이행의 보증을 위한 이행보증증권(performance guaranty
bond)을 교부받아 매수인인 정부기관에 제출하고 이행보증증권에 대한 보증을
위하여 미국계 은행으로부터 이행보증증권을 발행한 이란 은행을 수익자로 하
는 보증신용장을 발행받아 제출하는 방식을 취하고 있다. 이러한 유형의 보증신
용장을 통상적으로 역보증신용장(counter standby credit)이라 한다.
65) 719 F. 2d 583 (1983).

여 보증신용장의 거래당사자들이 유의하여야 할 시사점을 제시하면 다음과
같다.

첫째, 보증신용장거래에서는 거래 자체의 특수성 및 지급청구서류의
특성에 의하여 수익자에 의한 부당한 지급청구의 가능성이 내재되어 있
으므로 발행의뢰인과 발행은행은 이를 인식하고 수익자의 부당한 지급
청구에 유의하여야 한다. 특히, 발행의뢰인은 사전에 철저한 신용조사와
거래의 진행상황에 대한 지속적인 관심을 통하여 수익자의 부당한 지급
청구를 예방하는 것이 최선이라는 사실을 명심하여야 한다.

둘째, 수익자의 부당한 지급청구에 대한 발행은행의 지급거절권의 법
적 근거로는 보증신용장에 관한 유엔협약과 미국 통일상법전의 규정을
들 수 있다. 유엔협약의 경우 수익자의 부당한 지급청구에 대해 발행은
행은 지급거절의 권리가 아니라 지급보류의 권리를 가진다고 명시하여
법원을 통하여 정당한 법적절차를 거치는 경우에만 지급거절이 정당화
될 수 있음을 규정하고 있다.

셋째, 통일상법전은 발행의뢰인의 요청 여부와 관계없이 발행은행이
독자적으로 수익자의 지급청구를 거절할 수 있음을 명시하고 있다. 그러
나 현실적으로 발행의뢰인의 요청이 없는 경우 발행은행은 독자적 결정
에 의한 지급거절권의 행사를 기피할 것이다. 그 이유는 수익자의 부당
한 지급청구를 입증하는 데 실패하는 경우 발행은행은 일치서류에 대하
여 부당한 지급거절을 행한 것이 되므로 결국 발행은행의 국제적인 신
뢰성에 타격을 입게 될 가능성이 있기 때문이다.

넷째, 보증신용장거래에서 발행은행의 지급거절을 다루는 법원은 대체
적으로 관련규정을 엄격하게 해석하여 발행은행의 지급거절권을 제한적
으로 인정하고 있다. 그러나 법원은 수익자의 지급청구가 근거를 가지지
못하는 경우, 수익자에 의한 고의적이고 실질적인 사기가 존재하는 경

우, 수익자에 의하여 발행의뢰인의 계약불이행이 초래된 경우, 지급으로 인하여 발행의뢰인에게 회복할 수 없는 손해가 야기되는 경우 및 강행법규에 의하여 발행의뢰인의 계약이행이 불가능하게 된 경우 등에는 발행은행의 지급거절권을 인정하는 경향이 있다. 따라서 분쟁이 발생하는 경우 이러한 사유의 존재를 입증한다면 발행은행의 지급거절권의 허용가능성이 커질 수 있을 것이며 수익자의 부당한 지급청구로 인한 피해를 최소화시킬 수 있을 것이다.

참고문헌

김순자, "미국통일상법전 제5-109조에 대한 일고찰", 「무역상무연구」, 한국
　　무역상무학회 제13권, 2000.

이상훈, "보증신용장거래에서 발행은행의 지급이행에 관한 몇 가지 문제점",
　　「국제상학」 제19권 제1호, 한국국제상학회, 2004.

Affarki, George, "How do the ISP standby rules fit tin with other uniform
　　rules?", *Documentary Credits Insight*, Vol.5, No.3, 1999.

Barnes, James G. & Byrne, James E., "E-Commerce and Letter of Credit
　　Law and Practice", *The International Lawyer*, Vol.35, 2001.

Barski, Katherine A., "An Analysis of the Recent Revision to Article
　　Five of the Uniform Commercial Code: Letters of Credit",
　　Commercial Law Journal, Summer 1996.

Bergsten, Eric E., "A New Regime for International Independent Guarantees
　　and Standby Letters of Credit : The UNCITRAL Draft Convention on
　　Guaranty Letters", *The International Lawyer*, Winter 1993.

Ly, Filip, "The UN Convention on Independent Guarantees and Stand-by
　　Letters of Credit", *The International Lawyer*, Fall 1999.

Driscol, Richard J., "The Role of Standby Letters of Credit in International
　　Commerce : Reflection after Iran", *Virginia Journal of International
　　Lawyer*, Vol.20, 1980.

Graves, Robert J. & Perugini, John T., "Maintaining the Commercial
　　Vitality of Letters of Credit: Revised Illinois UCC Article 5", *Illinois
　　Bar Journal*, Vol.85, May 1997.

Greenleaf, Christopher J., "The Holder-in-due-course Exemption to the
　　Fraud Exception to Compelled Honor under Revised Article 5",
　　Banking Law Journal, Vol.115, No.1, 1998.

Kozolchyk, Boris, "The Financial Standby : A Summary Description of
　　Practice and Related Legal Problems", *Uniform Commercial Code*

Law Journal, Vol.28, No.4, Spring 1996.

Moses, Margaret L., "The Irony of International Letters of Credit : They aren't secure, but they (usually) work", *Banking Law Journal*, June 2003.

Rendell, Robert S., "Fraud and Injunctive Relief", *Brooklyn Law Review*, Vol.56, Spring 1990.

Rosenblith, Robert M., "Seeking a Waiver of Documentary Discrepancies from the Account Party: Unexplored Legal Problems", *Brooklyn Law Review*, Vol.50, No.1, 1990.

Rowley, Keith A., "Anticipatory Repudiation of Letters of Credit", *SMU Law Review*, Vol.58, Fall 2003.

Stern, Michael, "The Independence Rule in Standby Letters of Credit", *University of Chicago Law Review*, Vol.52, Winter 1985.

Stoufflet, Jean, "Fraud in Documentary Credit, Letter of Credit and Demand Guaranty", *Dickinson Law Review*, Vol.106, 2001.

UNCITRAL, *Report of the Working Group on International Contract Practices on the work of its fifteenth session*, *A/CN.9/345*, New York, 13-24 May 1991.

Wheble, Bernard S., "Problem Children - Standby Letters of Credit and Simple Demand Guarantees", *Arizona Law Review*, Vol.24, 1982.

Xiang, Gao & Burkley, Ross P., "The Development of the Fraud Rule in Letter of Credit Law: The Journey so far and the Road ahead", *Journal of International Economic Law*, Vol.23, 2002.

제5장 보증신용장거래에서 지급금지명령의 적용

I. 서 언

보증신용장은 은행의 보증확약과 서류제시에 의한 지급청구라는 특수성으로 인하여 수익자의 부당한 지급청구의 가능성이 높다. 수익자의 부당한 지급청구가 행해진 경우 발행은행과 발행의뢰인을 보호할 수 있는 가장 적절한 대응책은 사기원칙의 적용에 따른 발행은행의 지급거절이라 할 수 있으며, 발행은행의 지급거절에 적법성을 부여하는 수단이 바로 법원에 의한 지급금지명령이라 할 수 있다. 특히 수익자의 부당한 지급청구는 화환신용장보다는 보증신용장에 있어서 심각한 문제라는 점을 감안할 때 보증신용장거래에 있어서 지급금지명령의 적용 여부는 실질적으로 중요한 문제이다.

따라서 본고는 보증신용장거래당사자에게 지급금지명령의 적용에 관한 이해를 제고시키고 나아가 수익자의 부당한 지급청구와 그에 따른 지급금지명령에 관련된 분쟁의 예방 및 원활한 해결에 일조하는 것을 목적으로 하고 있다. 이를 위하여 본고는 보증신용장거래에 있어서 수익자의 부당한 지급청구에 대한 대응책으로서의 지급금지명령의 실질적인 적용에 관하여 사례분석을 통하여 고찰하고자 한다. 그 이유는 지급금지명령이 형평법에 의한 구제방법으로 법원의 재량에 의하여 적용여부가 결정되므로 사건에 따라 적용 결과가 다양하기 때문이다. 사례는 국내의 경우 보증신용장거래가 활성화되어 있지 않은 관계로 보증신용장거래가 일반화되어 있는 미국의 사례 중 1990년대 이후의 최근 사례를 분석하였다.

II. 보증신용장거래에서 지급금지명령의 필요성

1. 금지명령의 개념

금지명령(injunction)[66]이란 형평법의 구제수단으로 신청인의 신청에 의해서 수명자(enjoined party)에게 어떠한 행위의 이행을 요구하거나 또는 어떠한 행위를 하는 것을 금지하는 법원의 명령이다. 금지명령은 정의와 형평을 기준으로 하는 형평법에 따른 구제수단이므로 금지명령의 적용 여부는 법원의 재량에 속하는 것으로서 금지명령이 비상구제수단으로서의 성격을 가지고 있다는 이유로 인하여 당연히 허용되는 것은 아니다. 법원은 금지명령의 적용 여부를 결정하기 위하여 신청의 근거가 되는 사실을 확인하여야 하며, 법원이 필요하다고 인정하는 경우 신청인에게 상당한 금액의 담보를 제공할 것을 요구할 수 있는데, 신청인이 담보를 제공하지 않는 경우 금지명령이 허용되지 않을 수도 있다. 이러한 담보금은 향후 금지명령이 부적절하였음이 입증된 경우 그로 인하여 당사자가 입은 비용 및 손해를 보상할 수 있을 정도의 충분한 금액이어야 한다.[67]

한편 금지명령은 형평법에 의한 구제방법이므로 기본적으로 형평법의 요건을 충족시킬 것이 요구된다. 이러한 요건으로는 ① 신청인이 본안의 소송 판결에서 승소할 상당한 가능성이 있을 것,[68] ② 금지명령이 내려

---

[66] 국내에서 'injunction'이란 용어는 금지명령, 유지명령, 차지명령, 정지명령 등으로 다양하게 번역하고 있으나 신용장거래에서 'injunction'의 궁극적인 목적은 수익자의 부당한 지급청구에 대한 발행은행의 지급이행을 금지하는 것이므로 본고에서는 지급금지명령이라고 번역하고 금지명령과 지급금지명령이라는 용어를 혼용하였다.

[67] Brooke Wunnicke & Diane B. Wunnicke, *Standby Letters of Credit*, John Wiley & Sons, Inc. 1989, pp.305~306.

지지 않는 경우 신청인이 회복불능의 손해를 입게 될 것이라는 사실이
입증될 것,[69] ③ 신청인이 입게 될 손해가 상대방이 금지명령으로 인하
여 입게 될 손해보다 클 것,[70] ④ 금지명령의 허용이 공익에 위배되지
않을 것 등의 요건이 충족되는 경우에만 법원은 금지명령을 허가하게
된다. 또한 이러한 요건에 추가하여 제정법의 규정에 따라 구제방법으로
서의 적합성이 인정될 것[71] 등이 포함되는 경우도 있다.

2. 보증신용장거래에서 지급금지명령 적용의 필요성

화환신용장거래와 동일하게 보증신용장거래에서도 소위 독립성의 원칙
은 가장 중요한 거래원칙으로 존중되고 있다. 독립성의 원칙에 의하여 발행
은행의 지급의무는 발행의뢰인과 수익자 간의 근거계약으로부터 완전히 독
립된다.[72] 따라서 수익자의 제시서류와 보증신용장조건이 일치한다면 근
거계약의 실질적인 이행 여부에 관계없이 발행은행은 지급을 이행하여야
한다.

한편 보증신용장거래에서는 독립성의 원칙에 의하여 수익자에 의한 부

---

68) 소송에서의 승소가능성은 법원의 입장에서는 가장 중요한 요건이 될 수 있
   다. James E. Byrne, "UCC Survey: Letter of Credit", *Brooklyn Law
   Review*, Vol.43, 1988, p.1377.

69) 회복불능의 손해의 입증이란 그러한 손해에 대하여 발행은행이나 발행의뢰인에게
   금지명령 이외에 다른 법률적 구제방법이 없음을 입증하여야 한다는 것을 의
   미하는 것이다. P. Sigrist, *Standby Letters of Credit and Fraud*, The
   University of British Columbia, 1990, p.57.

70) 이 요건은 미국 통일상법전의 금지명령의 허용을 위한 요건으로 명문화되어
   있다. UCC 1995, § 5-109(b)(2).

71) UCC 1995, § 5-109(b)(2),(3).

72) David Gray Carlson & William H. Widen, "Letters of Credit, Voidable
   Preference, and the Independence Principle", *The Business Lawyer*, Vol.54,
   1999, p.1661.

당한 지급청구의 가능성이 내재되어 있다. 이러한 문제는 화환신용장거래에서도 존재하나 보증신용장거래의 경우 지급청구서류의 특성으로 인하여 수익자의 부당한 지급청구의 위험은 증가된다.[73] 즉, 보증신용장거래에서는 대부분 수익자가 발행하는 불이행진술서(default statement)만으로 발행은행의 지급이 행해지므로 제3자와의 공모 없이 수익자의 악의적 의도만으로 쉽게 부당한 지급청구가 행해질 수 있다.[74] 이러한 경우 독립성의 원칙에 대한 맹목적인 준수는 부당한 지급청구를 행한 수익자를 보호하여 부당이익을 취득할 수 있도록 방조하는 부작용을 야기하게 된다.

이러한 문제를 해결하기 위하여 등장한 법원칙이 사기원칙(fraud rule)이다. 즉, 발행은행에 일치서류의 이면에 존재하는 사실에 대한 심사를 허용하여 독립성을 악용하는 수익자의 부당한 지급청구에 대하여 지급을 금지시킬 수 있는 독립성의 원칙에 대한 예외를 허용하자는 것이다.[75] 사기원칙에 의하여 발행은행은 수익자가 일치서류를 제시하여도 지급청구에 부당성이 개재되어 있는 경우 적법하게 지급을 거절할 수 있게 된다.

사기원칙의 적용에 따른 발행은행의 지급거절은 발행은행의 독자적 결정에 의한 지급거절과 법원의 지급금지명령에 따른 지급거절로 나눌 수 있다. 그러나 실질적으로 발행은행은 법원의 금지명령이 없는 경우 독자적 결정에 의한 지급거절에 소극적일 수밖에 없다. 왜냐하면 독자적

---

73) Michael Stern, "The Independence Rule in Standby Letters of Credit", *University of Chicago Law Review*, Vol.52, Winter 1985, p.223.

74) 보증신용장거래에서 수익자의 지급청구 서류의 정당성은 오로지 수익자의 정직성에 의존할 수밖에 없다. Richard J. Driscol, "The Role of Standby Letters of Credit in International Commerce : Reflection after Iran", *Virginia Journal of International Lawyer*, Vol.20, 1980, p.470.

75) Ross P. Burkley & Gao Xiang, "The Development of the Fraud Rule in Letter of Credit Law: The Journey so far and the Road ahead", *Journal of International Economic Law*, Vol.23, Winter 2002, pp.663~664.

지급거절은 지급청구의 부당성의 실질적 존재 및 그 입증을 전제로 하고 있으므로[76] 발행은행이 부당성의 입증에 실패하는 경우 오히려 일치서류에 대하여 부당한 지급거절을 행한 것으로 간주되어 발행은행의 신용에 부정적인 영향을 주게 되기 때문이다. 또한 독자적 지급거절은 발행은행의 권리이므로 발행의뢰인이 지급청구의 부당성을 주장하면서 지급거절을 요청하는 경우 발행은행은 이러한 요청에 무조건적으로 응할 의무는 없다.[77] 따라서 수익자의 지급청구의 부당성에 관한 의혹 및 발행의뢰인의 요청이 있다 하여도 발행은행은 그 입증에 필요한 증거를 충분히 확보하지 않은 경우 독자적 지급거절을 꺼려하는 경향을 보이고 있다.

반면에 발행의뢰인의 신청에 의하여 관할법원이 법적 절차에 따라 지급청구의 부당성을 인정하여 발행은행에 지급금지명령을 내린다면, 이는 발행은행의 지급거절에 정당성을 부여하는 효력을 가지게 된다. 또한 지급금지명령을 위한 재판과정에서 지급청구의 부당성의 입증책임 역시 발행은행이 아닌 발행의뢰인이 부담하게 된다. 따라서 발행은행은 소송절차 및 판결결과에 대하여 어떠한 책임도 부담하지 않고 수익자의 부당한 지급청구에 대하여 지급을 거절할 수 있으므로 발행은행은 독자적 지급거절보다는 법원의 지급금지명령에 의한 지급거절을 선호할 수밖에 없다.

한편 사기원칙에 의한 지급금지명령의 적용에 있어서 특이한 사실은 영국의 법원은 수익자에 의한 환어음의 발행을 포함한 지급청구 자체를 금지하는 지급금지명령을 주로 내리는 반면에 미국의 법원은 수익자의

---

76) James G. Barnes & James E. Byrne, "Letters of Credit : 1998 Cases", *The Business Lawyer*, Vol.54, 1999, p.1896.

77) American Law Institute, *UCC Revised Article 5 Letters of Credit*, 1995, Article 5-109, Official Comments 2.

지급청구 이후에 발행은행의 지급을 금지하는 지급금지명령을 주로 내린다는 것이다.[78] 이론적으로 전자는 후자에 비하여 타당성을 가진다. 왜냐하면 수익자의 부당한 지급청구는 발행의뢰인과 수익자 간의 근거계약에 기초한 것이며, 법원에서도 발행은행의 지급이행의 부당성이 아닌 수익자의 지급청구의 부당성을 조사하는 것이므로 발행의뢰인과 수익자가 직접적인 소송의 당사자로 참여하는 것이 타당하기 때문이다.[79] 또한 전자의 경우 발행은행이 소송에서 제외됨으로써 독립성의 원칙에 대한 침해의 정도가 줄어들어 신용장거래의 신뢰성도 저해되지 않는다. 그러나 이러한 타당성을 떠나서 현실적인 이유에서 전자는 후자에 비하여 적용의 가능성이 떨어진다. 수익자의 지급청구를 금지하는 지급금지명령이 내려지기 위해서는 발행의뢰인이 수익자의 지급청구 이전에 그 부당성을 인지할 것을 전제로 하고 있는데 수익자에 의하여 작성되는 간단한 서류만으로 지급청구가 행해질 수 있는 보증신용장거래에서 발행의뢰인이 수익자의 부당한 의도를 사전에 파악하여 법원에 지급금지명령을 신청하기는 어렵다. 또한 수익자의 악의를 인지하였다고 해도 수익자의 지급청구 이전에 이를 입증할 충분한 증거까지 입수한다는 것은 실질적으로 곤란하기 때문이다.

---

78) Boris Kozolchyk, *Commercial Letters of Credit in the Americas*, Matthew Bender & Company, 1976, p.281.

79) 김순자, "스탠드바이 신용장거래에서 사기서류배제원칙의 적용에 관한 연구", 박사학위논문, 성균관대학교 대학원, 1998, 134면.

Ⅲ. 지급금지명령 적용의 준거규정

1. 보증신용장 관련법규

국제적으로 보증신용장의 활용이 증대되면서 이를 규율하기 위한 법규가 계속적으로 제정되고 있다. 이에 따라 제정된 법규들은 보증신용장을 직접적으로 규율하기 위한 목적에서 제정된 법규[80]와 보증신용장을 대상으로 제정된 것은 아니나 보증신용장에 적용될 수 있는 규정을 포함하고 있어 간접적으로 보증신용장에 적용될 수 있는 법규[81]로 분류할 수 있다. 전자에 해당하는 보증신용장통일규칙(ISP98)과 독립적 보증 및 보증신용장에 관한 유엔협약이 발효된 현재 이들 법규가 보증신용장에 관한 법적 해석기준으로 우선 적용될 것이다. 왜냐하면 화환신용장통일규칙(UCP)과 같은 다른 법규들의 경우 원래 보증신용장을 규율하기 위하여 제정된 것이 아니므로 보증신용장에 부적절한 규정을 포함하고 있어 법적 해석기준으로서의 효용가치가 적기 때문이다.[82] 그러나 보증신용장거래의 당사자 또는 법원의 선택에 따라 후자의 법규들은 전자와 상충되지 않는 범위 내에서 전자에 규정되어 있지 않은 사항에 대한 해

---

80) 여기에는 보증신용장통일규칙(International Standby Practices, 1998: ISP98)과 독립적 보증 및 보증신용장에 관한 유엔협약(United Nations Convention on Independent Guarantees and Stand-by Letters of Credit, 1995)이 해당된다.

81) 여기에는 화환신용장통일규칙(Uniform Customs and Practice for Documentary Credit, 1993: UCP), 계약보증에 관한 통일규칙(Uniform Rules for Contract Guarantees, 1978: URCG), 요구불보증에 관한 통일규칙(Uniform Rules for Demand Guarantees, 1992: URDG) 및 미국의 통일상법전(Uniform Commercial Code, 1995: UCC)이 해당한다.

82) John F. Dolan, "Analyzing Bank Drafted Standby Letter of Credit Rules, the International Standby Practices(ISP98)", *Wayne Law Review*, Vol.45, 2000, pp.1899~1901.

석기준으로 원용될 수 있으므로 상호 보완적인 기능을 수행할 것이다.[83]

이러한 법규들 중에서 유엔협약과 미국 통일상법전만이 보증신용장거래에서의 지급금지명령에 관한 명시규정을 두고 있다.[84] ISP98의 경우 보증신용장을 위하여 제정된 법규이지만 보증신용장의 주요한 문제점인 수익자의 부당한 지급청구와 발행은행의 지급금지명령에 대하여 침묵하고 있으며, 이러한 문제는 준거법에 따라 해결하도록 하고 있다.[85]

2. 독립적 보증 및 보증신용장에 관한 유엔협약의 관련규정

(1) 지급금지명령의 당사자

유엔협약은 제19조 지급의무에 대한 예외(Exception to payment obligation)의 (3)항에서 동조 (1)항에 규정된 발행은행이 지급의무를 이행하지 않을 수 있는 예외적 경우에 있어서 발행의뢰인이 잠정적 법원 조치를 요청할 권리를 가진다고 규정하고 있다.[86] 본 조항은 발행의뢰인에게 적용되는 조항으로서 법원의 지급금지명령은 발행의뢰인의 신청에 의하여 발령됨을 명확히 하고 있다.

(2) 지급금지명령의 적용요건

제20조 잠정적 법원 조치(Provisional court measures)에는 법원의 지급금지명령에 관한 직접적인 규정으로 제19조 1항에 규정된 수익자의 부당한 지급청구의 경우에 있어서 발행의뢰인의 신청에 의하여 즉시 이용가능한 유력한 증거를 근거로 법원은 발행은행에 대하여 대금을 보류

---

83) 이상훈, "보증신용장의 활용을 위한 법규적 접근", 「무역학회지」, 한국무역학회 제28권 제2호, 2003, 259~260면.

84) UN Convention Article 19, 20; UCC 1995, § 5-109.

85) ISP98, Rule 1.05.

86) UN Convention, Article 19(3).

하는 금지명령을 포함하여 수익자가 지급을 받지 못하도록 하는 금지명령 또는 수익자에게 지급된 대금을 동결하도록 하는 금지명령을 내릴 수 있음을 규정하고 있다.[87] 본 조항은 수익자에 대한 지급 이전에는 발행은행의 지급을 금지하는 금지명령이 가능하며, 수익자에 대한 지급 이후에는 수익자가 지급받은 금액을 사용하지 못하도록 동결하는 금지명령이 가능함을 규정하고 있는데, 보증신용장에 따라 수익자에게 지급이 이행되면 독립성의 원칙은 지켜진 것이므로 수익자에게 지급된 금액의 동결을 위한 금지명령이 허용에 장애가 되는 근거가 없게 된다.[88]

또한 규정에 의하면 지급금지명령의 적용요건으로는 제19조 (1)항을 들고 있는데, (1)항에서 규정하고 있는 요건은 ① 서류가 진정하지 않거나 위조된 경우, ② 청구를 위하여 제시된 서류에서 주장된 근거에 의하여 지급이 정당하지 못한 경우, ③ 약정의 형태와 목적에 의하여 판단할 때 청구가 상상할 수 없는 근거에 의한 경우를 말한다.[89] 이러한 세 가지 적용요건은 그 성질에 따라 두 가지로 대별할 수 있다. 첫 번째 요건은 제시된 서류에 문제가 있는 경우로서 ①의 경우가 이에 해당한다. 두 번째 요건은 지급청구의 근거에 문제가 있는 경우로서 ②와 ③의 경우가 이에 해당한다. 즉, 지급금지명령이 적용될 수 있는 수익자의 부당한 지급청구는 수익자에 의하여 제시된 서류 자체의 진정성에 문제가 있는 경우와 수익자가 지급을 청구할 권리가 없음에도 지급을 청구하는 경우로서, 전자는 수익자에 의한 사기(fraud)에 해당하며, 후자는 수익자에 의한 권리의 남용(abuse of right)에 해당한다.[90]

---

87) UN Convention, Article 20(1).

88) M. Sneddon, "The UNCITRAL Draft Convention on Independent Guarantees and Standby Letters of Credit", *Australian Business Law Review*, Vol.23, 1995, p.148.

89) UN Convention, Article 19(1).

90) 지급금지명령의 적용요건과 관련하여 유엔협약의 제정단계에서 규정의 명확화를

이러한 적용요건에 대한 추가규정으로 제19조 2항에서는 1항에서 규정한 상상할 수 없는 근거(no conceivable basis)에 의한 청구를 ① 보증신용장에서 정한 우발적 사건이나 위험이 현실화되지 않은 경우, ② 발행의뢰인의 근거계약상의 채무가 법원 또는 중재판정부에 의하여 무효라고 선언된 경우, ③ 근거계약에 따른 채무가 의심할 바 없이 이행된 경우, ④ 근거계약에 따른 채무의 이행이 수익자의 고의적 비행에 의하여 방해된 경우, ⑤ 역보증(counter-guarantee)에 따른 청구에서 역보증이 관련된 보증신용장의 발행은행인 역보증의 수익자가 악의로 지급을 행한 경우 등의 다섯 가지 구체적 경우로 세분하고 있다.[91] 유엔협약에서 상상할 수 없는 근거에 의한 청구를 다섯 가지의 경우로 한정하고 있는 이유는 상상할 수 없는 근거라는 다소 모호한 규정으로 인한 부작용, 예를 들어 발행의뢰인이 이러한 규정을 자의적으로 유리하게 해석하여 정당한 근거에 의한 청구에 대해서도 지급금지명령을 신청하기 위하여 시도하는 경우 등을 방지하기 위한 목적으로 생각된다.[92]

(3) 지급금지명령의 적용제한

법원은 금지명령의 발령에 있어서 법원이 적절하다고 간주하는 담보를 제공할 것을 요구할 수 있으며,[93] 법원은 제19조 1항에 명시된 지급의무의

위하여 사기와 권리의 남용이라는 표현을 사용하여야 한다는 주장이 있었으나, 이러한 개념의 정의에 대한 각국의 국내법의 규정이 불일치하여 오히려 오해의 가능성이 있다는 이유로 받아들여지지 않았다. Eric E. Bergsten, "A New Regime for International Independent Guarantees and Stand-by Letters of Credit : The UNCITRAL Draft Convention on Guaranty Letters", *The International Lawyer*, Winter 1993, p.872.

91) UN Convention, Article 19(2).
92) Stoufflet 교수는 유엔협약 제19조 2항의 상상할 수 없는 청구에 해당하는 다섯 가지의 구체적인 경우는 법원의 판례를 통하여 확립된 판례법(case law)을 근거로 하고 있다고 설명하고 있다. Jean Stoufflet, "Fraud in Documentary Credit, Letter of Credit and Demand Guaranty", *Dickinson Law Review*, Vol.106, 2001, p.24.

예외사유 및 범죄의 목적으로 보증신용장이 사용되는 경우 이외에는 지급
에 대하여 어떠한 이의가 제기되더라도 금지명령을 내릴 수 없음을 추가적
으로 규정하고 있다.[94] 이러한 규정은 법원에 의한 금지명령의 허가요건을
강화하여 법원에 대한 금지명령의 신청과 그에 따른 명령의 허가를 감소시
키는 효과를 가진다. 결과적으로 보증신용장거래에 대한 법적 절차의 개입
을 최소화함으로써 보증신용장거래에 대한 신뢰성을 보장하기 위한 의도로
생각된다.

3. 미국 통일상법전의 관련규정

(1) 지급금지명령의 당사자

1995년에 개정된 미국 통일상법전(UCC)[95]은 제5-109조 사기와 위조
(Fraud and Forgery)의 (b)항에서 발행의뢰인의 신청에 의하여 법원이
수익자의 부당한 지급청구에 대하여 잠정적 또는 영구적 금지명령을 내
릴 수 있음을 규정하고 있다.[96] 본 조항은 지급금지명령의 신청의 권리
를 발행의뢰인에게 부여하고 있으며, 정당한 재판관할권이 있는 법원에
지급금지명령을 내릴 수 있는 권한을 부여하고 있다.

본 조항은 지급금지명령을 신청할 수 있는 당사자로 발행의뢰인만을

---

93) UN Convention, Article 20(2).

94) UN Convention, Article 20(3).

95) 원래 화환신용장을 적용대상으로 하고 추후 보증신용장을 그 적용대상에 포함시
킨 UCP와는 달리 UCC는 적용대상에 보증신용장을 명시하지는 않았으나 적용범
위를 폭넓게 규정하여 적용대상에 보증신용장이 포함되는 것으로 추정할 수
있다. Katherine A. Barski, "An Analysis of the Recent Revision to Article
Five of the Uniform Commercial Code: Letters of Credit", *Commercial
Law Journal*, Summer 1996, p.179.

96) UCC 1995 § 5-109(b). 동조 (a)항에서는 수익자의 부당한 지급청구에 대한
발행은행의 독자적 지급거절에 대하여 규정하고 있다.

명시하고 있으나, 이는 명시적으로 발행은행을 배제하는 것은 아니므로 발행은행도 법원에 지급금지명령을 신청할 수 있는 것으로 보아야 한 다.[97] 특히 독자적 지급거절에 따라 발행은행이 부담할 수 있는 위험을 감안한다면 발행은행이 지급거절에 정당성을 부여받을 수 있는 지급금 지명령을 신청할 수 있도록 하는 것이 타당하다고 생각된다.

또한 정당한 재판관할권이 있는 법원(court of competent jurisdiction), 즉 관할법원을 통해서 지급금지명령이 가능하도록 규정하고 있는데, 이러 한 관할법원이란 보증신용장의 발행은행의 지급의무에 관한 대인관할권을 가지는 법원을 의미하는 것이다. 따라서 신용장관련법규에서는 재판관할권 의 문제를 다루지 않고 있으므로 보증신용장에 달리 명시하지 않는 한 국 내법의 재판관할권의 원칙에 따라 발행은행에 대한 재판관할권을 가지는 법원, 즉 발행은행 소재지의 법원이 관할법원이 될 것이다.[98]

(2) 지급금지명령의 적용요건

제5-109조 (b)항은 지급금지명령의 적용요건을 서류가 위조 또는 중대 한 사기의 목적으로 작성된 경우와 제시에 대한 지급이 발행은행이나 발 행의뢰인에 대한 수익자의 실질적인 사기를 조장하게 될 경우로 대별하여 규정하고 있다. 세부적으로는 ① 수익자의 사기에는 중대성(materiality)이 있어야 한다. 동 규정에는 사기의 중대성에 대한 정의는 없으나 공식주 석에 의하면 법원이 중대성을 결정하여야 한다고 전제하고, 수익자에 의 한 중대한 사기는 수익자가 지급을 기대할 수 있는 그럴듯한 권리를 가

---

97) *Summit Insurance Co. v. Central National Bank* 〔624 S.W.2d 222 (1981)〕 사건과 같이 발행은행이 직접 법원에 지급금지명령을 신청하는 경우도 있으며, 법원도 이를 인정하고 있다.

98) Matti Kurkela, *Letters of Credit under International Trade Law: UCC, UCP and Law Merchant*, Oceana Publications, Inc., 1985, p.38.

지고 있지 않은 경우 및 실제로 지급청구의 권리를 뒷받침할 수 있는
근거가 없는 경우라고 설명하고 있다.[99] 보증신용장의 경우 수익자의
부당한 지급청구는 대부분 지급청구권의 근거의 문제와 직결되므로 이
러한 요건은 보증신용장에 적합한 기준이라 할 수 있다.

② 거래상의 사기에는 근거거래상의 사기가 포함된다. 공식주석에 의
하면 중대한 사기에 대한 주장이 있을 경우, 서류가 사기적인지 또는 수
익자가 사기를 저질렀는지, 또는 그러한 사기가 중대한지의 여부를 결정
하기 위해서 법원은 근거거래를 조사하여야만 한다고 명시하여 사기의
대상으로서의 거래에 근거거래가 포함됨을 명확히 하고 있다.[100] 보증
신용장의 경우 근거거래의 불이행에 따라 지급청구가 행해지므로 수익
자의 부당한 지급청구는 근거거래에 그 기반을 두고 있으며, 근거거래의
조사에 의하여 그 부당성이 쉽게 입증될 수 있으므로 이 요건은 보증신
용장에 대한 지급금지명령의 적용요건 중에서 가장 중요한 요건이라 할
수 있다.

③ 제3자에 의한 사기도 적용요건에 포함된다. 적용요건인 서류가 위
조되거나 사기의 목적으로 작성된 경우 또는 서류제시에 대한 지급이
수익자의 실질적인 사기를 조장하게 되는 경우 중에서 후자는 수익자에
의한 사기로서 그러한 행위의 주체가 수익자이어야 하나, 전자는 위조서
류 또는 사기서류를 작성한 주체에 대한 아무런 제한이 없다. 즉, 서류
상의 사기가 수익자가 아닌 제3자에 의하여 행해지고 수익자가 선의로
서류를 제시한 경우에도 수익자에 대한 지급금지명령을 내릴 수 있다.

---

99) Material fraud by the beneficiary occurs only when the beneficiary has no
colorable right to expect honor and where there is no basis in fact to support
such a right to honor: American Law Institute, *UCC Revised Article 5 Letters
of Credit*, 1995, Article 5-109, Official Comments 1.

100) American Law Institute, *UCC Revised Article 5 Letters of Credit*, 1995,
Article 5-109, Official Comments 1.

이는 수익자보다는 발행의뢰인에게 유리한 규정으로 수익자는 제3자가 작성한 서류의 진정성까지 부담하여야 하는 불리한 입장에 처할 수 있다.101) 보증신용장의 경우 대부분의 지급청구서류는 수익자 본인에 의하여 작성되므로 이 요건은 보증신용장거래에서는 큰 실효성을 가지지 않는다.

(3) 지급금지명령의 적용제한

제5-109조 (b)항에 의하면 상기의 적용요건에 해당하는 경우 무조건적으로 지급금지명령이 허용되는 것이 아니라 다음의 요건을 충족시키는 경우에만 지급금지명령이 허용되도록 규정하여 그 적용에 제한을 두고 있다.

이러한 제한요건으로는 ① 준거법(law applicable)102)에서 지급금지명령을 금지하지 않아야 하며, ② 지급금지명령의 허용으로 인하여 수익자, 발행은행 또는 지정은행이 입을 수 있는 손실에 대한 적절한 보호를 받아야 하며, ③ 주법(state law)에 따라 당사자에게 구제의 권리를 부여하기 위한 모든 조건이 충족되어져야 하며, ④ 발행의뢰인은 법원에 위조 또는 중대한 사기에 대한 주장을 입증할 근거를 제시하여야 한다. 즉, 이러한 네 가지 요건이 모두 충족되지 않는 경우 법원은 발행의뢰인의 금지명령 신청에 대한 구제를 허용할 수 없다.

과거 지급금지명령을 다루는 법원에서 이러한 요건을 전부 또는 일부

---

101) 이러한 규정은 제3자에 의한 사기를 인지하지 못하고 서류를 제시한 선의의 수익자는 사기에 대하여 면책된다는 *United City Merchants (Investments) Ltd. v. Royal Bank of Canada* 〔1 Lloyd's Rep. 604 (1980)〕 사건의 판결과는 상반된다.

102) 보증신용장에 준거법이 명시되지 않을 경우 보증신용장이 발행된 국가, 즉 발행은행의 소재국의 법을 준거법으로 보는 견해가 일반적이다. George P. Graham, "International Commercial Letters of Credit and Choice of Law: So Whose Law Should Apply Anyway?", *The Wayne Law Review*, Vol.47, Spring, 2001, pp.213~218.

적용한 경우도 있으나 법원에 따라 적용요건이 서로 상이하여 사기원칙
의 적용에 관한 불확실성이 존재한 것이 사실이다. UCC는 이러한 요건
이 전부 충족될 것을 규정하여 적용요건의 통일화를 기하고 있는데, 이
는 지급금지명령의 적용대상의 범위를 제한하는 효과를 가진다. 적용요
건의 엄격한 설정은 사기원칙에 따른 지급금지명령의 허용 기준을 강화
하여 보증신용장거래에 대한 법원의 개입을 최소화시키려는 의도로 생
각된다.[103]

Ⅳ. 지급금지명령 적용 사례

1. 지급금지명령이 허용된 사례

(1) *Metrobility Optical Systems, Inc. v. Hecop Ⅲ* 사건[104]

임대계약에 따른 의무의 이행을 보증하기 위하여 임대인을 수익자로 하
는 보증신용장이 발행되었다. 임대계약이 종료되기 전에 임차인이 파산하
였고, 임대인은 발행은행에 지급을 요청하자 임차인이 법원에 지급금지명
령을 신청하였다. 임대인은 임대계약에 임차인이 파산할 경우 임대계약이
종료된다는 조항이 있으므로 향후의 소송에서 승소가능성이 크다는 사실
을 주장하며 지급금지명령이 허용되지 않아야 한다고 주장하였다. 반면에
임차인은 파산법의 규정에 따라 그러한 조항은 효력이 없어 임대계약은 종
료되지 않으므로 지급청구의 근거가 없음을 주장하였다. 법원은 임차인의
주장과 같이 파산법에 따라 임대계약이 종료되지 않고 존속하므로 임대계

---

103) Gao Xiang & Ross P. Burkley, *op. cit.*, p.688.
104) 38 Bankr. Ct. Dec. 156 (2001).

약의 종료에 관한 통지는 무효이며, 임대인은 보증신용장에 의한 지급을 청구할 권리를 가지지 못한다고 판시하고 지급금지명령을 허용하였다.

이 사건에서 법원은 파산에 대한 준거법으로서의 파산법을 적용하여 수익자의 청구가 근거가 없다고 판단하여 지급금지명령을 허용하였는데, 지급금지명령의 허용에 있어서 수익자의 지급청구권의 근거가 주요한 적용기준이 되며 그 판단은 준거법에 의한다는 사실을 보여주고 있다.

(2) *Brenntag International Chemicals, Inc. v. Norddeutsche Landes-bank GZ* 사건[105]

화학제품의 매매계약에서 발행의뢰인이 기한부환어음을 인수하고 만기일에 지급하지 않을 경우 발행은행에 지급을 청구하는 조건의 보증신용장이 발행되었다.[106] 수익자가 제시한 불이행진술서는 송장일자로부터 4일 후에 만기가 경과된 것으로 작성되었으나 실제로 서류의 작성시점은 만기일 이전으로서 서류의 내용은 사실이 아니었다. 수익자는 만기일 경과 이전에 서류를 작성하여 보관하는 것이 싱가폴의 관행이라고 주장하였으나 법원은 이는 뉴욕의 은행관행은 아니며 허위로 작성된 불이행진술서의 수리는 보증신용장의 특성을 근본적으로 무시하는 것이라고 판시하면서 지급금지명령을 허용하였다.

이 사건은 전형적인 서류상의 사기에 관한 사례로서 본 건의 담당법원이 인용한 것처럼 허위서류는 서류가 없는 것과 동일하다는 판시와 같이 사기서류는 독립성의 원칙에 따른 보호를 받을 수 없음은 명백하다.[107]

---

105) 70 F.Supp.2d 399 (1999).

106) 물품매매와 관련되어 사용되는 유형의 보증신용장을 상업보증신용장(commercial standby credit)이라 하며, 매수인의 대금지급의무를 보증한다는 점에서 화환신용장과 가장 유사한 기능을 수행하는 보증신용장이라 할 수 있다. 이상훈, 전게논문, 252~253면.

107) Falsified documents are the same as no documents at all: *Voest-Alpine*

(3) *Prairie State Bank v. Universal Bonding Insurance Co.* 사건[108]

건설공사에 따른 이행보증의 목적으로 발행된 보증신용장거래에서 수익자가 지급을 청구하였고 발행은행은 수익자의 지급청구가 발행의뢰인과 무관하고 보증신용장의 당사자도 아닌 회사와 연관된 문제로 인한 청구라고 주장하면서 지급을 거절하였다. 법원은 수익자의 지급청구가 전체의 거래를 저해할 정도의 현저한 사기라고 판시하면서 지급금지명령의 발령을 판결하였다. 이 사건은 수익자의 지급청구에 정당한 근거가 없음을 주요한 이유로 하여 법원이 지급금지명령을 적용한 사건이다.

(4) *Western Security Bank v. Superior Court of Los Angeles County* 사건[109]

대출계약에 따른 대출금의 상환과 관련하여 만기에 발행의뢰인이 대출금 전액을 상환하지 않을 경우 지급이 이행되는 조건으로 보증신용장이 발행되었다. 만기에 발행의뢰인이 상환불능이 되자 수익자는 발행은행에 지급을 청구하였고 발행의뢰인이 법원에 지급금지명령을 신청하였다. 법원은 수익자의 지급청구는 향후 발행의뢰인의 파산처리과정에서의 부족금의 상환을 위한 것으로서 이는 보증신용장의 발행목적과는 다르며 거래상의 사기에 해당하는 것이라고 판시하고 지급금지명령을 허용하였다.

이 사건에서 법원은 근거계약에 대한 완전한 불이행이 발생한 것은 아니라는 근거로 수익자의 지급청구를 거래상의 사기로 간주하여 지급금지명령을 인정하였다.

International Corp. v. Chase Manhattan Bank, A707 F.2d 680 (2d Cir. 1983).

108) 24 Kan.App.2d 740 (1998).

109) 26 Cal.App.4th 1441 (1993).

(5) *Seguin Savings Association v. Vista Verde Plaza Joint Venture* 사건110)

건설계약에 따른 이행보증을 위하여 보증신용장이 발행되었으며, 이후 발행의뢰인이 법원에 지급금지명령을 신청하였다. 발행의뢰인은 수익자가 대출을 받지 않아 건설공사가 중지되었음에도 지급을 청구하는 것은 수익자의 사기라고 주장하였으며, 수익자는 독립성의 원칙을 근거로 발행의뢰인의 불이행이 있었음을 주장하며 항변하였다. 법원은 수익자의 대출 불이행에 따른 계약위반으로 발행의뢰인의 추가이행이 불가능하게 되었으므로 발행의뢰인의 불이행을 초래한 수익자의 지급청구를 거래상의 사기로 인정하여 발행의뢰인에게 승소판결을 내렸다.

이 사건에서 법원은 사기원칙은 자신의 불법행위(wrongful act)로부터 수익을 얻고자 기도하는 수익자로부터 발행의뢰인을 보호하는 수단이라고 판시하고 수익자의 불법행위와 부당이득의 취득이 지급금지명령의 적용 여부를 결정하는 유효한 근거가 될 수 있음을 강조하고 있다.111)

(6) *Philip Brothers, Inc. v. Oil Country Specialists, Ltd.* 사건112)

파이프의 위탁판매계약에 따라 미판매분에 대한 수수료 지급의무의 보증을 위하여 보증신용장이 발행되었으며, 실제 인도된 파이프와 계약명세와의 상이를 이유로 계약이 취소되면서 수익자가 지급을 청구하였

---

110) 7 UCC Rep. Serv.2d (Callaghan) 862 (1988).

111) 유사한 사례인 *Penn State Construction, Inc. v. Cambria Savings & Loan Association* 〔519 A.2d 1034 (1987)〕 사건에서 법원은 발행의뢰인의 불이행을 초래한 수익자의 지급청구에 응하여 대금을 지급하는 경우 발행은행도 수익자의 사기의 당사자가 된다고 판시하고 지급금지명령을 허용하였다.

112) 709 S.W.2d 262 (1987).

고 이에 발행의뢰인이 법원에 지급금지명령을 구하였다. 발행의뢰인은
파이프의 상당량에 하자가 있어 근거계약과 보증신용장의 목적에 반하
는 근거거래에서의 사기임을 주장하였으며 수익자는 불량품은 관행적으
로 인정될 수 있는 정도의 분량이므로 지급금지명령의 허용이 오히려
보증신용장의 이용목적을 좌절시키는 것이라고 주장하였다. 법원은 파이
프에 대한 검사결과 대부분이 불량이거나 수리를 요하는 물품으로 전체
재고품이 거의 무가치하므로 거래상의 사기로 간주될 수 있으며, 지급금
지명령이 허용되지 않을 경우 이는 다른 계약의 불이행으로 이어져 발
행의뢰인에게 회복할 수 없는 피해를 야기할 수 있다는 근거로 지급금
지명령을 허용하였다.

이 사건은 근거계약의 대상물품에 대한 하자를 거래상의 사기로 간주하
여 지급금지명령 허용의 근거로 인정한 사건으로 상업보증신용장거래에 있
어서 계약물품의 하자가 쟁점이 되는 경우 적용할 수 있는 좋은 일례이다.

(7) *Itek Corp. v. First National Bank of Boston* 사건[113]

미국기업인 매도인과 이란 정부와의 광학장비의 매매계약의 이행을
보증하기 위하여 보증신용장이 발행되었다.[114] 이후 이란과 미국의 국
교가 단절되면서 매매계약의 이행이 불가능해지자 발행의뢰인은 수익자
에 대한 지급청구를 막기 위하여 법원에 발행은행에 대한 지급금지명령
을 신청하였다. 법원은 발행의뢰인이 이란의 법원을 통한 소송이 불가능

---

113) 730 F.2d. 19 (1st Cir. 1984).
114) 이란 사건은 보통 4자 간 보증(four-way security)의 구조를 가지고 있다. 이는
　　당시 미국과 중동국가와의 무역관행으로서 미국 측 매도인과 이란 측 매수인의
　　매매계약에 대한 보증으로 이란 측 은행으로부터 이행보증증권(performance
　　guaranty bond)을 교부받아 매수인에게 제출하고, 이행보증증권에 대한 보증
　　으로 매도인이 미국 측 은행을 통하여 이란 측 은행을 수익자로 하는 보증신용
　　장을 발행하는 방식을 취하고 있다.

하고 다른 적절한 구제수단이 없기 때문에 회복불능의 피해가 발생할 것이라고 판시하며 지급금지명령을 허용하였다.

이 사건은 소위 이란 사건(Iranian cases)의 하나로 이는 1970년대 후반 미국과 이란의 외교관계의 악화에 따라 계약의 이행이 불가능해지자 이란의 정부 또는 국영기업과의 건설 또는 공급계약과 관련된 보증신용장에 따른 이란 수익자의 지급청구를 우려한 미국 발행의뢰인이 미국법원에 지급금지명령을 신청하는 소송을 연속으로 제기한 일련의 사태를 의미한다. 이란 사건은 보증신용장거래에서 정치적 사유와 불가항력에 근거한 수익자의 지급청구와 지급금지명령의 적용이라는 문제점을 재조명하는 중요한 계기를 제공하였다. 이란 사건을 담당한 미국 법원은 정치적 상황을 고려하여 지급금지명령의 적용에 비교적 관대한 입장을 취하고 있는데, 지급금지명령을 허용한 대부분의 사건은 미국 발행의뢰인이 이란 법원을 통한 접근이 불가능하므로 이란 수익자의 지급청구가 미국 발행의뢰인에게 회복불능의 피해를 초래할 수 있다는 사실에 그 근거를 두고 있다.[115]

2. 지급금지명령이 허용되지 않은 사례

(1) *New Orleans Brass L.L.C. v. Whitney National Bank* 사건[116]

아이스하키 팀의 운영을 위한 경기장의 임대계약에서의 임대료 지급에 대한 보증으로 보증신용장이 발행되었고, 임대료가 미지급되자 수익자가 지급을 청구하였다. 이에 발행의뢰인은 수익자의 지급청구서류의 부실기

---

115) Mark P. Zimmett, "Standby Letters of Credit in the Iran litigation : Two Hundred Problems in Search of a Solution", *Law and Policy in International Business*, Vol.16, 1984, p.943.

116) 818 So.2d 1057 (2002).

재와 경기장 시설의 미비 및 임대료에 대한 분쟁 등을 근거로 수익자의 사기를 주장하며 법원에 지급금지명령을 신청하였다. 법원은 독립성의 원칙을 강조하면서 발행의뢰인의 주장은 임대계약의 위반이 될 수는 있으나 이는 지급금지명령의 근거가 될 수 있을 정도의 중대한 사기로 볼 수는 없으며 지급에 대한 유보는 보증신용장의 목적을 저해하는 것이라고 판시하며 지급금지명령을 허용하지 않고 수익자의 지급청구권을 인정하여 발행은행의 지급을 판결하였다.

이 사건은 1995년 개정 UCC가 적용된 사건으로 법원은 독립성의 원칙의 필요성을 강조하면서 제5-109조에 규정된 지급금지명령의 적용요건으로서의 중대한 사기의 범위는 좁게 해석하여야 한다고 강조하고 있다.117)

(2) *Synergy Center, Ltd. v. Lone Star Franchising, Inc.* 사건118)

음식점의 영업을 위한 점포의 임대계약과 관련하여 임대료(rent)의 지급을 위한 보증의 목적으로 보증신용장이 발행되었다. 음식점이 휴업하자 임대인은 임대계약조항을 근거로 임대계약의 종료와 'acceleration clause'119)에 따른 잔여기간의 임대료 지급을 요구하면서 임대료가 지급되지 않을 경우 발행은행에 지급을 청구할 것이라고 통지하였고 이에 발행의뢰인

---

117) 본 건에서 Kirby 판사는 보증신용장거래에서 지급금지명령이 허용될 수 있는 예외적 경우를 다음과 같이 예시하고 있다. ① 근거계약에서 수익자의 지급청구를 금지하고 있는 경우, ② 수익자가 지급을 청구할 명백한 권리를 가지지 못하는 경우, ③ 수익자의 지급청구가 실제로 근거를 가지지 못하는 경우, ④ 독립성을 목적에 비추어 이를 배제할 정도로 수익자의 지급청구가 전체의 거래를 저해할 경우. *Ibid,* p.1062.

118) 2001 Tex.App.LEXIS 8070 (2001).

119) 'acceleration clause'란 금전지급에 관한 계약조항에서 계약위반 또는 당사자간에 약정된 특정사태가 발생할 경우 지급시기가 도래되지 않은 채무 전체의 지급시기가 앞당겨진다는 조항을 의미한다.

이 법원에 지급금지명령을 신청하였다. 법원은 임대조건에 관하여 당사자 간에 분쟁이 있다는 사실만으로는 수익자의 지급청구를 금지할 근거로는 부족하며, 'acceleration clause'가 무효라 하더라도 이는 임대인의 중대한 사기를 구성할 정도의 충분한 근거가 되지 않는다고 판시하고 수익자의 승소판결을 내렸다.

3) *3COM Corp. v. Banco de Brasil, S.A.* 사건[120]

독점판매계약에 따른 판매대금의 지급의무를 보증하기 위한 보증신용장이 발행되었고, 발행의뢰인이 판매대금을 지급하지 않았고 수익자가 지급을 청구하였다. 발행의뢰인은 수익자가 제시한 불이행진술서에는 수익자가 작성한 송장금액에 따라 청구한다는 내용이 기재되어 있으나, 실제의 송장은 수익자의 구매대리인의 명의로 작성되었으므로 이는 수익자의 사기적인 지급청구라고 주장하였다. 그러나 법원은 대리인이 본인을 대리하여 송장을 작성한 경우 관행적으로 본인이 작성한 것으로 볼 수 있으므로 이는 지급금지명령을 허용할 정도의 충분한 사기를 구성하지 않는다고 판시하고 발행의뢰인의 신청을 기각하였다.

이 사건은 수익자의 지급청구서류에 경미한 부실기재가 있었으나 업계의 관행을 근거로 이를 중대한 사기로 간주할 수 없다고 결정하였다.[121]

---

120) 171 F.3d 739 (1999).

121) 송장의 하자가 쟁점이 된 유사한 사례인 *E&H Partners v. Broadway National Bank* (39 F.Supp.2d 275 (1998)) 사건에서 발행의뢰인은 송장번호의 인증되지 않은 정정을 근거로 서류의 위조를 주장하였으나, 법원은 보증신용장조건에는 송장번호에 대한 구체적 언급이 없어 지급청구에 영향을 미치지 않으므로 송장번호의 변경은 지급을 금지할 수 있을 정도의 중대한 사기를 구성하지 않는다고 판결하였다.

(4) *Southern Energy Homes, Inc. v. AmSouth Bank of Alabama* 사건122)

독일에서의 주택단지 건설계약의 이행에 관한 4자 간 보증의 방식으로 보증신용장이 발행되었다. 설계변경으로 인한 비용의 상승으로 미국 건설회사는 계약가격으로 이행이 불가능함을 통지하였고 이행일자가 경과되었다. 당사자 간에 계약위반에 관한 논의가 지속되는 동안 수익자인 독일 은행의 지급청구가 행해지자 미국 발행의뢰인이 미국 법원에 지급금지명령을 신청하였다. 발행의뢰인은 자사의 귀책사유에 의한 건설계약의 불이행이 없으며 선수금도 반환하였으므로 은행보증에 따른 지급은 부당하며 따라서 수익자의 지급청구는 사기에 해당한다고 주장하였으며, 수익자는 근거계약과의 독립성을 강조하며 사기의 당사자로 지목되는 독일 시공회사는 보증신용장거래의 당사자가 아니라고 항변하며 지급이행을 주장하였다. 법원은 당사자 간에 독일 법원에서 분쟁을 해결하기로 합의한 계약조항이 있으므로 발행의뢰인은 독일법원에서 독일 시공회사의 사기와 그에 대한 손해배상 청구소송을 제기할 수 있어 적절한 법적 구제조치가 존재하므로 발행은행의 지급이행은 발행의뢰인에게 회복할 수 없는 손해를 야기하는 것이 아니라고 판시하며 지급금지명령의 신청을 기각하였다.

이 사건에서 법원은 발행의뢰인이 지급금지명령이 아니라도 다른 법적 구제조치를 통하여 충분히 피해를 구제받을 수 있다는 근거에서 독립성의 원칙에 대한 예외를 인정하지 않고 지급금지명령을 허용하지 않았다.

---

122) 709 So.2d 1180 (1998).

178

(5) *CE Casecnan Water & Energy Co., Inc. v. Korea First Bank* 사건[123]

한국의 제일은행이 발행은행으로 개입된 사건으로 필리핀에서의 발전소 건설과 관련하여 (주)한보의 계약의무를 보증하기 위하여 제일은행이 보증신용장을 발행하였다. 이후 (주)한보가 파산함에 따라 추가적인 계약이행이 불가능해지자 수익자가 계약을 종료하고 지급을 청구하였다. (주)한보는 수익자가 이행된 작업에 대한 보수를 고려하지 않고 건설지연 및 새로운 건설업자의 모색 비용까지 포함하여 과다한 금액을 청구하였으므로 부당한 지급청구라고 주장하였다.

이 사건에서 법원은 보증신용장에는 수익자의 손해액에 대한 상세한 증거서류를 요구하고 있지 않으며, 실제로 불이행이 있었으므로 수익자는 손해를 보상받을 권리를 가지며, 손해액에 관한 분쟁은 발행은행과는 무관한 근거계약의 문제라고 판시하면서 지급금지명령을 허용하지 않고 발행은행에 지급이행을 판결하였다.[124]

(6) *Xantech Corp. v. Ramco Industries, Inc.* 사건[125]

구매대금의 지급에 따른 보증신용장거래에서 구매대금이 전액 지급되었음을 주장하며 발행의뢰인이 법원에 지급금지명령을 구하였으나 사건을 담당한 Ratliff 판사는 근거계약에서의 사기가 아니라 신용장거래에 사기가 개입된 경우에만 사기원칙이 적용될 수 있다고 판시하였다.

---

123) 33 UCC Rep. Serv.2d 871 (1997).

124) 수익자의 과다한 지급청구가 쟁점이 된 유사한 사례인 *Mennen v. J. P. Morgan & Co., Inc.* (91 N.Y.2d 13 (1997)) 사건에서 법원은 실질적인 사기의 부존재를 근거로 지급금지명령을 허용하지 않았으나, 소수의견으로 Titone 판사는 초과금액에 대하여 발행은행은 지급할 의무가 없음을 주장하였다.

125) 643 N.E.2d 918 (1994).

이 사건은 개정 이전의 UCC의 규정을 기준으로 거래상의 사기의 개
념을 좁게 해석하여 근거계약의 사기를 배제하고 있으나,126) 개정 UCC
에서는 거래상의 사기에 근거거래를 포함시키고 있으므로 향후에는 이
러한 경우 본 건과는 달리 지급금지명령이 허용될 가능성이 크다.

(7) *Lloyd's v. Canadian Imperial Bank of Commerce* 사건127)

이 사건에서 법원은 지급금지명령의 신청을 위한 소송에서 수익자의
사기에 대한 입증책임은 수익자가 아닌 발행은행에 있으며, 발행은행이
이를 입증하는 데 실패하였으므로 지급금지명령은 허용될 수 없으며 발
행은행의 지급이행을 판결하였다.

이 사건은 영국의 사례로 수익자의 사기에 대한 입증책임은 수익자가
아니라 지급금지를 구하는 당사자에게 있음을 명확히 보여주고 있는데,
영국 법원의 경우 미국 법원에 비하여 독립성의 원칙을 엄격히 고수하
는 경향을 보여주고 있다.128)

(8) *APV Baker, Inc. v. Harris Trust & Savings Bank* 사건129)

이 사건은 이란 사건의 연장선에 있는 사건으로 1991년 2월에 미국
내의 이란자산에 대한 동결조치가 철회되면서 발행의뢰인이 법원에 다

---

126) 1952년 UCC 1952 제5-114조 (2)항에는 거래상의 사기에 있어서의 거래의
    범위에 관하여 구체적으로 규정하지 않고 있어 근거거래가 포함되는가에 관
    한 논란이 있어 왔다. 예를 들어, *Federal Deposit Insurance Corporation v.
    Bank of San Francisco* 〔817 F.2d 1395 (1987)〕 사건에서 법원은 거래상의
    사기는 근거거래의 사기를 포함한다고 판시하여 본 건과는 상반된 입장을
    보이고 있다.

127) 2 Lloyd's Rep. 579 (1993).

128) 김순자, 전게논문, 110면.

129) 761 F.Supp. 1293 (1991).

시 지급금지명령을 신청하였다. 법원은 발행의뢰인이 주장하는 사기는 신용장과는 전혀 무관한 근거거래와 관련된 것이며, 과거의 다른 이란 사건에서는 이란 기업이 당사자로 개입되었으나 본 건에서는 이란 측 피고가 존재하지 않으며 현재의 상황에서는 제정법에 의한 충분한 구제가 가능하므로 발행의뢰인에게 회복불능의 손해가 발생하지 않는다고 판시하면서 지급금지명령의 신청을 기각하였다.

(9) *Aetna Life & Casualty Co. v. Huntington National Bank* 사건[130]

이 사건에서 법원은 발행의뢰인이 수익자의 고의적인 사기가 아니라 단지 수익자의 고객이 사기적 행위에 관계되었음을 입증한 것일 뿐이며, 지급금지명령의 적용요건으로서의 거래상의 사기는 수익자에 의한 고의적 사기에 한정되므로 발행의뢰인이 주장하는 사기는 이에 해당되지 않는다고 판시하였다.

(10) *FDIC v. Bank of San Francisco* 사건[131]

법원은 수익자의 사기가 행해졌음을 인정했으나 본 건은 사기를 행한 수익자가 아니라 사기와 무관한 미국 연방예금보험공사(FDIC)[132]가 개입되어 지급을 청구한 것이므로 지급청구서류 이외의 사기를 이유로 발행은행은 지급을 거절할 수 없음을 판시하고 지급금지명령을 허용하지 않았다. 이 사건에서 법원은 준거법에 따라 FDIC에게 선의의 소지인(holder in due course)의 지위를 부여하여 수익자에 의한 서류상의 사기가 존재함에도 불구하고 지급금지명령을 적용하지 않았다.

---

130) 934 F.2d 695 (1991).
131) 817 F.2d 1395 (1987).
132) 연방예금보험공사(Federal Deposit Insurance Corporation: FDIC)는 미국 연방정부의 소유회사 중의 하나로 은행예금의 보험을 인수할 목적으로 설립된 기관이다.

V. 결 언

  수익자가 작성한 지급청구서류에 의하여 지급이 행해지는 보증신용장
거래의 특성상 수익자의 부당한 지급청구에 대한 대책은 어려운 과제라
고 할 수 있다. 그러나 이에 따른 해결책 중의 하나가 법원의 지급금지
명령이라 할 수 있다. 본 연구에서는 보증신용장거래에서 지급금지명령
의 실질적인 적용에 대하여 고찰하였으며, 검토 결과 보증신용장거래당
사자들이 유의하여야 할 몇 가지 시사점 및 대책을 제시하고자 한다.

  첫째, 독립적 보증 및 보증신용장에 관한 유엔협약 및 미국 통일상법
전에서 보증신용장거래에의 지급금지명령의 적용가능성을 명시적으로
규정하여 관련분쟁을 다루는 법원에 보다 명확한 법적기준을 제공하게
되었다. 그러나 보증신용장에 관한 국제규칙으로 범용될 것으로 예상되
는 보증신용장통일규칙에 관련규정이 누락되어 있다는 점은 그 적용에
장애가 될 수 있어 향후의 개정에서 관련규정이 설정될 필요성이 있다.

  둘째, 사례분석에 의하면 법원은 지급금지명령의 적용에 있어서 대체적
으로 소극적 입장을 보이고 있다. 이는 신용장거래의 근간인 독립성의 원칙
에 대한 예외를 최소화하여 보증신용장의 신뢰성을 제고시키고자 하는 의
도에서 비롯된 것으로 생각된다. 그러나 지급청구서류의 무가치성으로 인
하여 신용장대금을 달리 보전할 수 없는 보증신용장거래의 특성을 감안하
여 법원은 지급금지명령의 적용에 있어서 보다 완화된 태도를 견지할 필요
가 있다.

  셋째, 지급금지명령을 허용한 대부분의 사례에서 법원은 수익자의 지
급청구의 부당성을 판단하는 데 있어서 지급청구의 실질적 근거의 여부
를 기초로 하고 있다. 또한 지급금지명령의 적용 여부의 판단에 있어서
는 발행은행의 지급으로 인한 발행의뢰인의 피해에 대하여 지급금지명

령 이외에 다른 구제수단이 존재하지 않을 경우 이를 허용하는 경향을 보이고 있다. 따라서 발행의뢰인은 지급금지명령의 신청에 있어서 이러한 사실의 입증가능성에 중점을 두고 소송에 임하여야 할 것이다.

마지막으로, 예방은 최선의 치료인 것과 같이 발행의뢰인은 수익자의 부당한 지급청구가 행해지기 이전에 이를 방지할 수 있도록 최선의 노력을 기울여야 한다. 이를 위하여 수익자 이외의 제3자가 발행하는 서류를 요구하여 서류요건을 강화하거나 또는 지급청구 이전에 발행의뢰인에게 지급청구의 사실을 통지하도록 하는 지급청구고지조항을 삽입하는 방법 등을 적극적으로 활용하여야 한다.

참고문헌

김순자, "스탠드바이 신용장거래에서 사기서류배제원칙의 적용에 관한 연구", 박사학위논문, 성균관대학교 대학원, 1998.

이상훈, "보증신용장의 활용을 위한 법규적 접근", 「무역학회지」, 한국무역학회 제28권 제2호, 2003.

Barnes, James G. & Byrne, James E., "Letters of Credit: 1998 Cases", *The Business Lawyer*, Vol.54, 1999.

Barski, Katherine A., "An Analysis of the Recent Revision to Article Five of the Uniform Commercial Code: Letters of Credit", *Commercial Law Journal*, Summer 1996.

Bergsten, Eric E., "A New Regime for International Independent Guarantees and Stand-by Letters of Credit : The UNCITRAL Draft Convention on Guaranty Letters", *The International Lawyer*, Winter 1993.

Burkley, Ross P. & Xiang, Gao, "The Development of the Fraud Rule in Letter of Credit Law: The Journey so far and the Road ahead", *Journal of International Economic Law*, Vol.23, Winter 2002.

Byrne, James E., "UCC Survey: Letter of Credit", *Brooklyn Law Review*, Vol.43, 1988.

Carlson, David Gray & Widen, William H., "Letters of Credit, Voidable Preference, and the Independence Principle", *The Business Lawyer*, Vol.54, 1999.

Dolan, John F., "Analyzing Bank Drafted Standby Letter of Credit Rules, the International Standby Practices(ISP98)", *Wayne Law Review*, Vol.45, 2000.

Driscol, Richard J., "The Role of Standby Letters of Credit in International

Commerce : Reflection after Iran", *Virginia Journal of International Lawyer*, Vol.20, 1980.

Graham, George P., "International Commercial Letters of Credit and Choice of Law : So Whose Law Should Apply Anyway?", *The Wayne Law Review*, Vol.47, Spring, 2001.

Kozolchyk, Boris, *Commercial Letters of Credit in the Americas*, Matthew Bender & Company, 1976.

Kurkela, Matti, *Letters of Credit under International Trade Law: UCC, UCP and Law Merchant*, Oceana Publications, Inc., 1985.

Sigrist, P., *Standby Letters of Credit and Fraud*, The University of British Columbia, 1990.

Sneddon, M., "The UNCITRAL Draft Convention on Independent Guarantees and Standby Letters of Credit", *Australian Business Law Review*, Vol.23, 1995.

Stern, Michael, "The Independence Rule in Standby Letters of Credit", *University of Chicago Law Review*, Vol.52, Winter 1985.

Stoufflet, Jean, "Fraud in Documentary Credit, Letter of Credit and Demand Guaranty", *Dickinson Law Review*, Vol.106, 2001.

Wunnicke, Brooke & Wunnicke, Diane B., *Standby Letters of Credit*, John Wiley & Sons, Inc. 1989.

Zimmett, Mark P., "Standby Letters of Credit in the Iran litigation: Two Hundred Problems in Search of a Solution", *Law and Policy in International Business*, Vol.16, 1984.

·저자·

이상훈

· 약 력 ·

부산대학교 상과대학 무역학과 졸업(경제학사)
부산대학교 대학원 무역학과 석사과정 졸업(경제학석사)
부산대학교 대학원 무역학과 박사과정 졸업(경제학박사)
부산대학교 대학원 박사후연수과정 수료
부산대학교 무역국제학부 강사
부경대학교 국제통상학과 강사
신라대학교 국제비즈니스학부 강사
경성대학교 국제무역통상학과 강사
영산대학교 무역물류학과 강사
한국무역협회 부산지부 강사
한국국제상학회 이사

· 주요논저 ·

「신용장거래에서 ISBP의 환어음 심사기준에 관한 고찰」
「수입화물선취보증서제도의 개선을 위한 e-L/G의 활용에 관한 연구」
「신용장양도에 있어서 신용장통일규칙의 적용과 그 문제점에 관한 연구」
「신용장거래의 분쟁해결시스템에 관한 비교연구」
「ICC 국제표준은행관행의 운송서류 관련조항의 실질적 적용에 관한 고찰」
「보증신용장거래에서 보증신용장통일규칙(ISP98)의 적용상의 문제점에 관한 연구」
「보증신용장거래에서 발행은행의 지급거절권의 행사에 관한 사례연구」
「국제거래에서 화환신용장의 대체적 결제수단으로서의 보증신용장의 활용」
「보증신용장거래에서 지급금지명령의 적용에 관한 분쟁사례연구」
「보증신용장거래에서 발행은행의 지급이행에 관한 몇 가지 문제점」
「신용장서류심사를 위한 ICC 국제표준은행관행(ISBP)에 관한 고찰」
「보증신용장거래에서 발행은행의 지급의무의 예외적 적용에 관한 법규적 고찰」
「보증신용장의 활용을 위한 법규적 접근」
「신용장거래에서 당사자의 구제를 위한 대위제도의 활용」
「신용장발행은행의 서류심사절차와 그 위반」
「신용장거래에서 당사자의 의무불이행에 대한 구제」
「신용장거래에서 당사자의 파산과 그 효과에 관한 연구」
「신용장발행은행의 의무불이행에 관한 분쟁사례연구」
「신용장거래당사자의 의무불이행에 관한 고찰」
외 다수

보증신용장의 법적, 실무적 문제

• 초판 인쇄	2006년 10월 30일
• 초판 발행	2006년 10월 30일
• 지 은 이	이상훈
• 펴 낸 이	채종준
• 펴 낸 곳	한국학술정보㈜
	경기도 파주시 교하읍 문발리 526-2
	파주출판문화정보산업단지
	전화 031) 908-3181(대표) · 팩스 031) 908-3189
	홈페이지 http://www.kstudy.com
	e-mail(출판사업부) publish@kstudy.com
• 등 록	제일산-115호(2000. 6. 19)
• 가 격	12,000원

ISBN 89-534-5804-8 93320 (Paper Book)
     89-534-5805-6 98320 (e-Book)